Winfried Röser

Wie unterrichte ich Ethik?!

Unterstützende Materialien mit Beispielstunden für Fachfremde

PERSEN

Der Autor

Winfried Röser ist langjähriger Schulleiter einer Hauptschule, Mentor in der Lehrerausbildung und widmet sich in zahlreichen Veröffentlichungen den Fächern Deutsch, Ethik, Religion und Geschichte.

Gedruckt auf umweltbewusst gefertigtem, chlorfrei gebleichtem und alterungsbeständigem Papier.

1. Auflage 2019

Cover: © busliq_shutterstock.com
Grafik: Seite 21: Carla Miller, Seite 23: Mele Brink, Seite 29: Thomas Binder, Petra Lefin
Satz: Typographie & Computer, Krefeld

ISBN: 978-3-403-20483-1

www.persen.de

Vorwort

Ethikunterricht, ursprünglich als Ersatzfach zum konventionellen Religionsunterricht gedacht, hat sich inzwischen im Fächerkanon der Sekundarstufe I in allen Bundesländern und Schularten etabliert. Die sich ausdehnende Pluralität im Werte- und Normengefüge unserer Gesellschaft verbunden mit dem Rückgang der christlichen Konfessionen hat letztlich dazu geführt, dass neben dem Religionsunterricht ein alternatives Fach (Ethik oder Philosophie) angeboten wird, in dem das Wissen um ethische Grundfragen vermittelt, Diskussionen über Urteile und Meinungen geführt sowie die Bereitschaft zum reflektierten und begründeten Handeln gefördert werden.

Dass diese Herausforderung für den Pädagogen ein schwieriges Feld darstellt, liegt auf der Hand. Unzählige Fragen, die voll in die Lebenswelt der Schüler[1] hineinreichen, warten auf begründete und alternative Antworten. Man denke nur an Beispiele wie Sterbehilfe, Klimaschutz oder Menschenrechte.

Neben der fachlichen Stabilität benötigt der Unterrichtende auch ein besonderes Händchen im methodisch-didaktischen Bereich. Wie kann ich Schüler für ethische Fragestellungen motivieren? Wie kann ich den Spagat zwischen sachlicher Information und emotionaler Betroffenheit ausgestalten? Mit welchen Methoden lässt sich ein Vorwissen oder eine vorgefertigte Meinung herauskitzeln und kritisch hinterfragen?

Für solche Fragestellungen bietet dieser Ratgeber Hilfestellung, besonders für die Kollegen, die fachfremd Ethik unterrichten möchten oder müssen. Sie erhalten neben der Begründung und Intention des Ethikunterrichts eine detaillierte Planungsvorlage für den Ethikunterricht, orientiert an den von Lehrplänen und Curricula vorgeschriebenen Inhalten und zugrunde liegenden Kompetenzen, die auf alle Schularten transferierbar sind.

Im Hauptteil werden didaktisch-methodische Grundfragen zum Ethikunterricht in der Sekundarstufe I angesprochen und mit unzähligen Unterrichtsbeispielen erläutert und belegt. All diese Beispiele sind praxiserprobt und haben sich in der täglichen Unterrichtsarbeit bewährt – von der konkreten Unterrichtsplanung über Fragen der Leistungskontrolle, Differenzierung, außerschulischen Lernorten bis zu den Hausaufgaben.

Wie Ethikunterricht zeitlich planbar ist, wird abschließend an den Beispielen *Entwurf einer Unterrichtseinheit*, *Stationenlernen* und *Projektunterricht* aufgezeigt und entwickelt.

Ich wünsche Ihnen viel Freude und Erfolg bei Ihrem Ethikunterricht, verbunden mit der Hoffnung, dass dieser Ratgeber Ihnen viele anregende und interessante Tipps und Hilfen dafür bietet.

1 Wir sprechen hier wegen der besseren Lesbarkeit von Lehrern, Schülern usw. in der verallgemeinernden Form. Selbstverständlich sind damit auch alle Lehrerinnen, Schülerinnen usw. gemeint.

1 Grundsätzliches zum Ethikunterricht

1.1 Ethik – Begriffsannäherung

Der Begriff *Ethik* lässt sich auf das griechische Wort *ethos* zurückführen und bedeutet im Singular so viel wie *Wohnung* oder *Aufenthaltsort*, im Plural *Sitte, Gewohnheit* und *Brauchtum*. Ethik ist Teilgebiet der Philosophie mit spezieller Ausrichtung auf das moralische Verhalten des Menschen.

Ethische Fragen spielen im Leben der Menschen schon immer eine bedeutende Rolle. Gerade in der heutigen Zeit mit der fortschreitenden Technisierung, mit den neuen Formen der Information und Kommunikation, mit der immer größeren Beherrschung der Erde wird die Verantwortung für die globale Welt schwieriger und greift massiv in das Leben jedes Menschen ein.
Die entscheidende Frage ist nicht mehr, was wir alles können, sondern was wir wirklich wollen und dürfen. Somit umfasst Ethik sämtliche Verhaltensweisen, Traditionen, Bräuche, Wertvorstellungen und Ansichten, ausgerichtet auf die menschliche Gemeinschaft. Ethik ist folglich nicht starr, sondern zeit-, kultur- und traditionsabhängig.

1.2 Ethik in der Schule

Ethik ist in allen Bundesländern ordentliches Schulfach und gilt als alternatives Angebot zu einem konfessionell geprägten Religionsunterricht.
Hauptzielsetzung des Faches Ethik ist es, den Schülern die ethische Handlungskompetenz bewusst zu machen und diese zu fördern.
Handlungskompetenz umfasst sowohl das eigene, gute und erfüllte Leben als auch alle Fragen eines gerechten Zusammenlebens. Jeder Mensch besitzt die von den Menschenrechten her begründete Würde und Freiheit. Das Gewissen gilt als warnende und unbedingt zu achtende Instanz, die jedem inne ist.

Ethisches Urteilen und Entscheiden vollzieht sich immer im Dialog mit anderen. Dies setzt die Bereitschaft zur Argumentation, Offenheit und kritischen Überprüfung der eigenen Meinung voraus. Dazu kommt das Wahrnehmen und Hineinversetzen in die soziale Realität, die gesellschaftlichen und politischen Gegebenheiten. Wurde früher ethische Handlungskompetenz vor allem durch Belehren, Ermahnen oder Instrumentalisieren angebahnt, ist heute ein anderer Weg intendiert. Gerade die Auseinandersetzung mit Konflikten und Dilemmata (z. B. Flüchtlingsfrage, Demographie, Klimaerwärmung, Schadstoffbelastung) regt Menschen an, bisherige Handlungsweisen zu hinterfragen, neue Argumente und Positionen zuzulassen und damit den eigenen Standpunkt zu überprüfen, zu festigen oder zu korrigieren.
Diese Herausforderung hat die Schule aufzugreifen und in altersgemäßer Weise an die Schülerschaft heranzutragen mit der Zielrichtung, sie zu mündigen Bürgern zu machen, die sozial engagiert sind und Handlungsweisen ethisch begründen können.

1.3 Allgemeine Zielsetzung des Ethikunterrichts

Ethikunterricht in der Sekundarstufe I hat den Menschen in seiner Personalität im Blick, der – im Gegensatz zu allen anderen Lebewesen auf der Erde – zur freien, bewussten und wertbezogenen Entscheidung fähig ist und sein ethisches bzw. moralisches Handeln entsprechend ausrichtet. Er besitzt die Fähigkeit, über die Gründe seines Handelns zu reflektieren, die Mehrdimensionalität seines Handelns zu beachten und ethisch begründete Entscheidungen zu treffen. Grundlage hierzu sind die Kenntnis und Bewertung von Pluralität der Wertvorstellungen und Lebensformen und deren Vergleich mit der Zielsetzung, selbstständig und bewusst zu entscheiden, was sein Leben zu einem gelingenden und guten macht.

Somit trägt der Ethikunterricht zur Vermittlung der folgenden grundlegenden Prinzipien bei:
- weltanschauliche Neutralität mit besonderem Blick auf Menschlichkeit, Demokratie und Freiheit
- Toleranz und Achtung anderer Überzeugungen und Wertvorstellungen
- Verantwortung für den Erhalt von Natur und Umwelt
- Ablehnung gewaltsamer Konfliktlösungsstrategien
- Auseinandersetzung mit grundlegenden ethischen Problemen des persönlichen Lebens, des gesellschaftlichen Zusammenseins sowie unterschiedlichen Wert- und Sinnangeboten
- menschliches Handeln in alltäglichen oder existenziellen Formen unter dem Aspekt des gelingenden Lebens sowie der moralischen Basisnormen
- Orientierung für das eigene, selbstbestimmte und verantwortliche Leben und dessen Positionierung
- ethisch-moralischer Umgang mit den digitalen Medien

Unter der Prämisse der Auseinandersetzung mit grundlegenden ethischen Fragen und Problemen des persönlichen Lebens, des menschlichen Zusammenlebens sowie die begründete Bewertung unterschiedlicher Wert- und Sinnangebote soll der Ethikunterricht folgende zentrale Grundkompetenzen vermitteln:
- Kompetenzbereich **Wahrnehmung und Deutung**: Mithilfe der Wahrnehmung werden die personelle, soziale und sachliche Umwelt erfasst und ethische Probleme gesehen, beschrieben und unterschiedliche Interessen gedeutet.
- Kompetenzbereich **Analysieren und Reflektieren**: Aus verschiedenen Medien werden Wissen und Kenntnisse erschlossen, die reflektiert und miteinander verknüpft werden.
- Kompetenzbereich **Argumentieren und Urteilen**: Mit der eigenen und fremden Position wird kritisch umgegangen und differenziert beurteilt mit dem Ziel, eigenständig begründete moralische Urteile zu gewinnen.
- Kompetenzbereich **Interagieren und Kommunizieren**: Mit den gewonnenen Ergebnissen wird sich vernunftgeleitet auseinandergesetzt, es werden Lösungsmodelle entwickelt und präsentiert sowohl eigener wie fremder Gedankengänge.
- Kompetenzbereich **Sich orientieren und Handeln**: Das Orientierungswissen wird Grundlage der eigenen Entscheidung und der künftigen Lebensorientierung mit dem Ziel der Umsetzung des als richtig eingesehenen Verhaltens und damit der Übernahme von Verantwortung in persönlichen wie gesellschaftlichen Entscheidungsprozessen.

Ausgangspunkt des Ethikunterrichts ist die Situation des Schülers, der mit dem Unterricht angesprochen wird. Dabei sollte man von folgenden Fakten ausgehen:
- Die Schüler der Sekundarstufe I haben bereits moralische Grunderfahrungen, verfügen also über ein entsprechendes Vorwissen. Sie können zwischen Gut und Böse unterscheiden und haben das Gewissen als moralische Instanz am eigenen Körper erfahren, wie es urteilen, beloben oder verurteilen kann.
- Viele Schüler wirken in moralischen Fragen dennoch eher orientierungslos; sie haben erfahren, dass Handlungen oft nicht unter einem normativen Anspruch gesehen, sondern subjektiv beliebig ausgelegt werden.
- Das Bemühen um verantwortliches und moralisches Handeln angesichts der globalen Ausrichtung und der Vielzahl der Beteiligten wird daher mitunter als vergeblich angesehen und eher der daraus resultierende eigene Nachteil betont. Hieraus leiten sind dann Gleichgültigkeit und Resignation ab.

Unter Berücksichtigung solcher Bedingungen müssen die Schüler …
- … vorgefundene moralische Urteilsmuster und Empfindungen im Unterricht kanalisieren und auf ein entsprechendes, ihrer Entwicklung und ihrem Verständnis angemessenen Niveau heben, und zwar aufgrund ihrer eigenen argumentativen Begründung und Rechtfertigung unter Berücksichtigung der eigenen Persönlichkeit.
- … für sich selbst und die Gesellschaft ihre Identität im Hinblick auf Freiheit, Selbstbestimmung, Selbstverwirklichung und die Bereitschaft zur Übernahme von Verantwortung entwickeln.

- ... sensibel gemacht werden im Hinblick auf die moralische Dimension von Handlungssituationen und gesellschaftlichen Bedingungen. Dies geschieht auch durch das Hineinversetzen in die Rolle des anderen, da eigene Bedürfnisse immer die der Mitmenschen tangieren.
- ... sich bewusst machen, dass es gerade die kleinen Schritte sind, die zum Erfolg führen können, nicht die landläufige Meinung: „Ich kann sowieso nichts dagegen tun."

Hierzu sind didaktisch-methodische Komponenten erforderlich, die den Ethikunterricht in besonderer Weise betreffen. Im Einzelnen lassen sich aufführen:
- das wertneutrale Ansprechen von Konflikten und deren vorurteilsfreie Diskussion, zum Beispiel: *Schwangerschaftsabbruch vs. Austragen des Kindes*
- der Erwerb notwendiger kommunikativer Kompetenzen wie Hinterfragen, Beurteilen, Reflektieren und Argumentieren sowie die kritische Prüfung der Stichhaltigkeit von Ansichten und Argumenten, zum Beispiel: *pro und kontra Todesstrafe*
- die inhaltliche Auseinandersetzung mit den Werten und Normen unserer Gesellschaft und unserer demokratischen Grundordnung, insbesondere Gewaltlosigkeit, Freiheit, Menschenrechte und Toleranz, zum Beispiel: *Ist die Menschenwürde für jeden Menschen gleich?*
- die persönliche Betroffenheit durch Anschauungsbeispiele, bei deren Diskussion neben der Urteilskraft auch die Fähigkeit der Empathie und des Hineinversetzens in fremde Lebens- und Denkkontexte intendiert sind, zum Beispiel: *Verhalten gegenüber einem Schulkameraden, der den Ramadan begeht*
- die aktive Teilhabe an Projekten, um theoretische Kenntnisse auch in der Praxis umzusetzen, zum Beispiel: *Einsatz für ein klimafreundlicheres Umfeld*

1.4 Themenfelder des Ethikunterrichts

Die aktuellen Auseinandersetzungen über die Notwendigkeit und Gültigkeit der Menschenrechte (Stichwort: *Pressefreiheit, Fake News*), Diskussionen über religiöse Grundfragen in den großen Weltreligionen (Stichwort: *reformierter Islam, Ökumene*), die Akzeptanz und der Zusammenhalt in einer Gesellschaft (Stichwort: *Flüchtlingsproblematik, Demografie*), die Erhaltung der Natur (Stichwort: *Klima und Erderwärmung*) oder extreme Ausprägungen (Stichwort: *Missbrauchsskandale*) zeigen die fundamentale Bedeutung ethischer Grundfragen für das menschliche Zusammenleben.
Zusammenleben in einer Gemeinschaft, egal in welcher Größe und Ausprägung, bedeutet immer die Beachtung von Normen und Regeln, ohne die es keine Freiheit und Wahrheit, keine Hoffnung und Sicherheit, keinen Schutz von Natur, Umwelt und Ressourcen, keine Akzeptanz von Minderheiten und gegenteiliger Meinungen und keine Ablehnung von Gewalt jeder Art gibt. Eine auf breiter Basis akzeptierte Ethik baut auf Postulaten auf, die zumutbar sind, weder praxisfremd noch maßlos oder extrem. Solche zentralen Bausteine sind:
- Streben nach Gerechtigkeit und Gleichheit
- Ablehnung von Gewalt, Not und Schmerz
- Bestärken und Würdigen des Guten
- Mitleid und Hilfsbereitschaft für Notleidende
- Einsatz für Natur und Umwelt
- reflektierter Umgang mit digitalen Medien

Alle diese Überlegungen weisen auf die sog. „Goldene Regel" – als Grundformel der Ethik – hin. Diese besagt: Was ihr wollt, dass euch die Menschen tun, das tut auch diesen. Oder im Umkehrschluss ausgedrückt: Was ich vom anderen fordere, muss ich auch bereit sein, diesem zu gewähren. Dieses Prinzip der Wechselseitigkeit beinhaltet, Mahnung und Aufforderung, Personen, Sachverhalte, Verhaltensweisen möglichst objektiv zu betrachten und dabei Sichtweisen, Bedürfnisse oder Wünsche des Gegenübers genauso in den Blick zu nehmen wie die eigenen. Willkürliche Unterschiede zwischen Menschen sind dabei ebenso tabu wie eigennützige Erwartungen an moralische Regeln.

Unter Berücksichtigung dieser Prämissen ergeben sich für den Ethikunterricht in der Sekundarstufe I folgende Themenfelder, in denen sich die unterschiedlichen Curricula der einzelnen Bundesländer wiederfinden:

Themenfeld 1: Ich und die Welt
Themenfeld 2: Gewissen und Verantwortung
Themenfeld 3: Mensch – Natur – Technik
Themenfeld 4: Freiheit und Würde – existenzielle Grundfragen
Themenfeld 5: Religion – Weltbild – Kultur

Sie lassen sich wie folgt begründen und als Leitkompetenz formulieren:

Themenfeld 1: Ich und die Welt

Der Schüler der Sekundarstufe I steht in ständiger Auseinandersetzung mit sich und seiner Umwelt sowohl emotional wie sachlich. Er erfährt und lernt, seine individuellen Fertig- und Fähigkeiten einzuschätzen, diese zu vergleichen und damit umzugehen. Darüber hinaus erfährt er, dass der Mensch als soziales Wesen auf andere angewiesen ist und diese gegenseitige Abhängigkeit sein Leben bestimmt. Somit sind die Ausprägung des eigenen Ichs, der Aufbau der eigenen Persönlichkeit und die Beziehung zum Mitmenschen in allen Ausprägungen emotional wie faktisch die Leitkompetenz dieses Themenfeldes.

Jahrgangsstufe 5/6	Jahrgangsstufe 7/8	Jahrgangsstufe 9/10
• Ich und meine Wirklichkeit • Leben in Familie, Schule und Gruppen • Fremde verstehen und mit ihnen umgehen • Menschen brauchen sich gegenseitig	• Erwartungen von anderen an mich • Ich und die Gleichaltrigen • Konflikte als Ausdruck von Auseinandersetzungen • Auf dem Weg zum Erwachsenwerden	• Zeit als Chance nutzen, sein Leben zu gestalten • Leben in einer multikulturellen Gesellschaft • Arbeit und Leistung • Erwachsen sein

Themenfeld 2: Gewissen und Verantwortung

Probleme des Alltags – persönlich wie gesellschaftlich – führen zwangsweise zum Einbezug des Gewissens, der warnenden Instanz des Menschen. Das Wissen um die Auseinandersetzung mit dem eigenen Gewissen und damit das Ringen um Gut oder Böse gehören zu den elementaren Konflikten des Menschen, nicht nur mit sich selbst, sondern auch mit der Gesellschaft. Aus Gewissenskonflikten kristallisiert sich Verantwortung. Pflichtbewusstsein gegenüber anderen und der eigenen Person sowie die Bereitschaft, Verantwortung nach einer kritischen Prüfung zu übernehmen, gehören mit zu der Leitkompetenz des Themenfeldes.

Jahrgangsstufe 5/6	Jahrgangsstufe 7/8	Jahrgangsstufe 9/10
• Die Stimme meines Gewissens • Was ist gut, was böse? • Pflichten mir selbst und anderen gegenüber • Verantwortlich sein für …	• Gewissenskonflikte • Gewissen drängt zum Guten • Sich für andere einsetzen • Verantwortung tragen in allen Ebenen	• Gewissen haben heißt Verantwortung übernehmen • Verantwortung und Selbstbewusstsein • Verantwortung für die Erde

Themenfeld 3: Mensch – Natur – Technik

Das Betrachten von Natur und Technik gewinnt mit zunehmendem Alter an Priorität, der junge Mensch gerät immer mehr in die Rolle des Aktiven. Natur in ihrer mehrdimensionalen Vielfalt als Lebensgrundlage für die gesamte Menschheit zu akzeptieren, zu bewahren und zu schützen sowie sich bewusst dafür einzusetzen, ist die erste Leitkompetenz des Themenfeldes. Durch die immer fortschreitendere Technik, die Globalisierung der gesamten Welt und die neue Art der Kommunikation mittels Internet und sozialen Netzwerken wird der Schüler zu einer kritischen Auseinandersetzung mit den Chancen und Risiken des Internets gezwungen, gerade auch im Hinblick auf die sozialen Umgangsformen und die Preisgabe von persönlichen Daten.

Jahrgangsstufe 5/6	Jahrgangsstufe 7/8	Jahrgangsstufe 9/10
• Verhältnis des Menschen zu Pflanzen und Tieren • Haben Tiere auch Rechte? • Schützenswerte Natur • Elektronische Medien im Alltag, brauche ich das?	• Den Wert der Natur empfinden und erkennen • Einfluss des Menschen auf die Natur • Die Welt der digitalen Medien, Risiken und Chancen	• Medizinischer Fortschritt: Fluch oder Segen? • Die Erde retten, aber wie? • Medienethik – Internet um jeden Preis

Themenfeld 4: Freiheit und Würde – existenzielle Grundfragen

Existenzielle Grundfragen, arm und reich, Wahrheit und Lüge oder Leben und Tod beschäftigen Menschen fortlaufend als ein einziges Auf und Ab mit Höhen und Tiefen. Diese Erfahrung kennt auch der Schüler der Sekundarstufe I. Unbeschwerte Höhen und total belastende Tiefs existieren nebeneinander und kein Mensch ist davor gefeit. Diese Tatsache ist nicht naturgegeben, sondern zwingt zum kreativen und überwindenden Umgang. Grundlage aller dieser Fragen sind die beiden im Grundgesetz verankerten Werte: Menschenwürde und Freiheit. Gerade mit diesen Postulaten muss sich der Schüler kritisch auseinandersetzen, Sichtweisen einholen und eine eigene begründete Position dazu entwickeln.

Jahrgangsstufe 5/6	Jahrgangsstufe 7/8	Jahrgangsstufe 9/10
• Glück und Pech • Gerecht oder ungerecht • Lüge und Wahrheit	• Freiheit und ihre Grenzen • Unantastbare Würde • Sinn des Lebens – Leben gestalten • Mit Konsum umgehen	• Menschenrechte • Gerecht sein ist schwer • Gewalt und Krieg • Einsatz für den Frieden • Liebe, Partnerschaft, Ehe • Sterben und Tod • Selbstbestimmung und Vernunft

Themenfeld 5: Religion – Weltbild – Kultur

Zu den grundlegenden Erfahrungen des Sekundarschülers gehört die Tatsache, dass er in einer multikulturellen Gesellschaft mit unterschiedlichen Religionen, kulturellen Ausprägungen und verschiedenen Lebensformen lebt. Daher ist es unerlässlich und für das weitere Leben bedeutsam – unter Einbezug der eigenen Kultur –, unterschiedliche religiöse und weltanschauliche Sichtweisen zu gewinnen, diese zu vergleichen und zu hinterfragen, um neben der eigenen Position eine positive Haltung zu Toleranz und Solidarität zu entwickeln.

Jahrgangsstufe 5/6	Jahrgangsstufe 7/8	Jahrgangsstufe 9/10
• Riten in Religion und Brauchtum • Mythische Weltdeutungen • Eine Wurzel – drei Religionen	• Weltreligionen, speziell Islam und Judentum	• Ethische Werte in Religionen – die goldene Regel • Sinn des Lebens

2 Planung des Ethikunterrichts unter Berücksichtigung von Inhalt, Kompetenzen und Umsetzungswegen

Die eben skizzierten Themenfelder finden sich zusammen mit den ausprägenden Kompetenzen in jedem schulischen Arbeitsplan wieder, den die einzelne Schule klientel- und standortbezogen erstellen muss. Grundlage eines solchen Arbeitsplans sind die Vorgaben aus Lehrplänen bzw. Curricula; sie müssen per Konferenzbeschluss von der jeweiligen Fachkonferenz genehmigt werden.

Neben den Themen finden sich in der folgenden Zusammenstellung Kompetenzfelder sowie Umsetzungsvorschläge und Impulse für die tägliche Unterrichtsarbeit.
Letztere sind variabel einsetzbar. Einige der Impulse bzw. Vorschläge werden im anschließenden dritten Abschnitt an Beispielen praktisch erläutert.

Inhalte	Kompetenzfeld	Umsetzungswege/Impulse
1: Ich und die Welt Jahrgangsstufe 5/6 • Ich und meine Wirklichkeit • Leben in Familie, Schule und Gruppen • Fremde verstehen und mit ihnen umgehen • Menschen brauchen sich gegenseitig siehe Seite 37f.: *4.1 Unterrichtseinheit: Ich in der Gemeinschaft*	• Sich selbst in seiner Einmaligkeit wahrnehmen • Eigene Stimmungen und Bedürfnisse empfinden und ausdrücken • Vertrauen in die eigenen Fähigkeiten verstärken • Das Miteinanderumgehen in der Gruppe bewusst reflektieren und Rückschlüsse ziehen • Nachempfinden, dass gemeinschaftlich manches leichter wird • Einsehen, dass zwischen Menschen ein gegenseitiges Gebrauchtwerden besteht • Notwendigkeit der Sorge für den Mitmenschen erfassen und verinnerlichen • Die Besonderheit des Fremden sehen und achten	• Spielsituation: *Das ist typisch für mich* • Fallbeispiel: *Das macht einen Menschen einmalig* • Verhaltensprofile analysieren • Bilder und Geschichten zu: *Ich und meine Wirklichkeit* • Collage: *Ich in der Gruppe* • Ideenplan: *Gruppenregeln in Familie oder Schule* • Rollenspiel Festvorbereitung: *Gemeinsam geht es besser* • Assoziation: *Ich brauche dich – du brauchst mich* • Sorgentelefon: *Mir geht es schlecht – Hilfsangebote zusammentragen* • Pantomime: *So wirke ich auf andere – so wirken andere auf mich* • Bildbetrachtung: *Fremd in Deutschland* • Erfahrungsberichte von Flüchtlingen
Jahrgangsstufe 7/8 • Erwartungen von anderen an mich • Ich und die Gleichaltrigen • Konflikte als Ausdruck von Auseinandersetzungen • Auf dem Weg zum Erwachsenwerden	• Erfahren und spüren, dass andere Erwartungen an die eigene Person haben • Erwartungen als Chance und Bedrohung erkennen • Die Position in der Gruppe der Gleichaltrigen sehen und hinterfragen • Bewusst werden, dass Konflikte zum menschlichen Dasein gehören • Bereitschaft wecken, Konflikte gewaltfrei zu regeln • Erkennen, dass sich Jugendliche in einer Umbruchszeit befinden • Eigenes Verhalten und Erwachsenenverhalten kritisch hinterfragen und Lösungsmodelle für einen entspannten Umgang entwickeln	• Tagebuch: *Ich in der Gruppe …* • Interview: *Was erwartest du von mir?* • Rollenspiel: *Deine Erwartung – meine Möglichkeiten* • Collage: *Typische Konflikte im Alltag* • Spiegelgespräch mit sich selbst: *Warum bin ich so?* siehe Seite 21 (Kap. 3.1.2) • 4-Ecken-Spiel: *Vier Konflikte – Vier Lösungen (in Kleingruppen)* siehe Seite 26 (Kap. 3.2.5) • Traumbild: *konfliktfreies Leben* • Karikatur zur Pubertät • Tagebuch: *Meine Eltern sind nur noch peinlich* • Die Top 10 des Erwachsenwerdens: *Reaktion – Gegenreaktion*

Inhalte	Kompetenzfeld	Umsetzungswege/Impulse
Jahrgangsstufe 9/10 • Zeit als Chance nutzen, sein Leben zu gestalten • Leben in einer multikulturellen Gesellschaft • Arbeit und Leistung • Erwachsen sein	• Wege der Lebensgestaltung erfahren, bewerten und entscheiden • Zeit als belastenden, aber auch als entspannenden Faktor erfahren • Erkennen, unsere Gesellschaft ist multikulturell • Die Andersartigkeit des anderen sehen, hinterfragen und tolerieren • Toleranz in Worten und Taten einsetzen • Einstellungen zu Arbeit und Leistung hinterfragen • Eigene Position bewusst machen und reflektieren	• Collage: *mögliche Lebensformen* • Traumbild entwerfen: *meine Zukunft* siehe Seite 22 (Kap. 3.1.3) • Lebenswege: *Fallbeispiele analysieren* • Tagesschau: *Arbeit und Leistungsbeispiele* • Textanalyse: *Zum Leben gehört Arbeit* • Bildcollage: *Multikulturell bedeutet …* • Interview: *Einstellungen zu Multikulti* • Anwendungsfall: *Muss ich das tolerieren?* siehe Seite 31 (Kap. 3.3.6) • Brainwriting: *Toleranz bedeutet* • Toleranz mit Symbolen/Gesten ausdrücken

Inhalte	Kompetenzfeld	Umsetzungswege/Impulse
2: Gewissen und Verantwortung Jahrgangsstufe 5/6 • Die Stimme meines Gewissens • Was ist gut, was böse? • Pflichten mir selbst und anderen gegenüber • Verantwortlich sein für …	• Bewusst werden, dass jeder Mensch ein Gewissen hat • Erkennen, dass das Gewissen hilft, zwischen Gut und Böse zu unterscheiden • Bereitschaft wecken, auf die Stimme des Gewissens zu hören • Pflichten gegenüber sich selbst verbalisieren • Pflichten gegenüber dem Mitmenschen verstehen und akzeptieren • Erfahren, dass Verantwortung jedem Menschen zu eigen ist • Die eigene Verantwortung bewusst wahrnehmen und hiterfragen • Verantwortung in die Tat umsetzen	• Fallbeispiele: *Wirkweise des Gewissens* • Rollenspiele: *Entscheidung für ein gutes/schlechtes Gewissen* • Pantomime: *So zeigt sich das Gewissen* • Gewissensentscheidungen gut/schlecht zeichnerisch darstellen • Brainwriting: *Meine wichtigsten Pflichten* siehe Seite 21 (Kap. 3.1.1) • Tagebuch: *Das bin ich mir schuldig* • Top 10: *Beispiele – Menschen übernehmen Verantwortung* • Karikaturen/Bilder zu Verantwortung • Kleine Geschichten schreiben: *Verantwortung haben bedeutet handeln*

Inhalte	Kompetenzfeld	Umsetzungswege/Impulse
Jahrgangsstufe 7/8 • Gewissenskonflikte • Gewissen drängt zum Guten • Sich für andere einsetzen • Verantwortung tragen in allen Ebenen	• Erkennen, dass das Gewissen eine warnende Instanz darstellt • Gewissenskonflikte sehen, Gründe hinterfragen und emotional wirken lassen • Bewusst machen, dass das Gewissen zum Guten drängt; bereit werden, auf das Gewissen zu hören • Möglichkeiten sehen und erfahren, wie man sich für andere einsetzen kann • Einsatz für den Mitmenschen hinterfragen und auf Sinnhaftigkeit prüfen • Erkennen, der Mensch kann sich nicht vor Verantwortungsübernahme drücken • Verantwortung bezüglich verschiedener gesellschaftlicher Bereiche verbalisieren • Bewusst werden, dass Verantwortung ein entsprechendes Handeln nach sich zieht	• Tagebucheintrag: *Gewissenskonflikte* • Frage an die Sorgentante: *Was ist richtig?* • Bilder zu Gewissenskonflikten analysieren • Fallbeispiel: *Ich höre auf mein Gewissen – ich missachte mein Gewissen* • Brainwriting: *Einsatz für andere* • Erfahrungsberichte: *Das hat sich gelohnt* • Vortrag: *Das hat sich nicht gelohnt* • Assoziation: *Verantwortung haben* siehe Seite 22 (Kap. 3.1.5) • Befragung: *Wo trägst du Verantwortung? Wie zeigt sich diese?* • Zuordnungsspiel: *Wer hat für was welche Verantwortung?* siehe Seite 30 (Kap. 3.3.4) • Kritikgespräch: *Ich habe Verantwortung – du drückst dich*
Jahrgangsstufe 9/10 • Gewissen haben heißt Verantwortung übernehmen • Verantwortung und Selbstbewusstsein • Verantwortung für die Erde	• Gewissenskonflikte erkennen, hinterfragen und bewerten • Den Zusammenhang zwischen Gewissen und Verantwortung nachvollziehen • Spüren, dass Verantwortung übernehmen sich positiv auf das Selbstbewusstsein auswirkt • Wechselwirkung von Verantwortung und Selbstbewusstsein nachvollziehen • Bereitschaft wecken, für meine Möglichkeit Verantwortung zu übernehmen • Erkennen, dass allein der Mensch die Verantwortung über die Erde trägt • Für einen verantwortungsbewussten Umgang mit der Erde motiviert werden • Diesen theoretischen Kenntnissen Taten folgen lassen	• Fallanalyse: *Mein Gewissenskonflikt* • Gewissenskonflikt als Karikatur darstellen • Rollenspiel: *Gewissenskampf – Gut gegen Böse* • Brainstorming: *Verantwortung heißt …* • Bildanalyse: *So zeigt sich Verantwortung – so handelt man verantwortungslos* • Tagebuch: *Ich habe Angst vor Verantwortung* • Karikatur zum Verhältnis Mensch – Erde • Anklageschrift: *Das wirft die Erde dem Menschen vor* • Plädoyer: *Erde, ich kann nichts dafür, aber die anderen* • Tagesschau: *So handelt der Mensch verantwortungslos* siehe Seite 28 (Kap. 3.2.8) • Traumbild: *Meine heile Erde* • Stundenplan: *So helfe ich der Erde*

Inhalte	Kompetenzfeld	Umsetzungswege/Impulse
3: Mensch – Natur – Technik		
Jahrgangsstufe 5/6 • Verhältnis des Menschen zu Pflanzen und Tieren • Haben Tiere auch Rechte? • Schützenswerte Natur • Elektronische Medien im Alltag: Brauche ich das?	• Natur gefühlsmäßig erfassen und ausdrücken • Bedeutung der Natur bewusst hinterfragen • Natur als Gestaltungsauftrag erfahren und dafür einsetzen • Normale und übertriebene Tierliebe erkennen und kritisch bewerten • Verhältnis des Menschen zu Natur und Technik begreifen und hinterfragen • Theoretisch überlegen, wie Natur geschützt werden kann, und praktisch umsetzen • Überblick über elektronische Medien verschaffen • Notwendigkeit von Smartphones im Alltag nachprüfen und hinterfragen • Eigene Position zu Smartphones verbalisieren und kritisch prüfen	• Mindmap zur Natur erstellen • Berichtbogen anlegen: *Die Natur funktioniert auch ohne uns* • Fiktives Gespräch mit der Natur führen: *Was ist gut? Was ist schlecht?* • Beobachtungaufgabe: *Hier ist Natur etwas Schönes, dort etwas Gefährliches* • Tagebuch: *Mein Haustier, für das ich alles gebe* • Befragung: *Tier oder Mensch? Was ist dir wichtiger?* • Umfrage: *Smartphonebesitz, tägliche Nutzung, Grund* • Zeitreise: *Als Opa klein war (ohne Smartphone …)* • Tagebuch: *Juchuh, endlich ein eigenes Smartphone/ Das Smartphone bringt mich zur Verzweiflung* • „Auf den Kopf"-Methode: *Smartphone* siehe Seite 28 (Kap. 3.3.1)
Jahrgangsstufe 7/8 • Den Wert der Natur empfinden und erkennen • Einfluss des Menschen auf die Natur • Die Welt der digitalen Medien, Risiken und Chancen	• Naturerhaltung als ethisches Grundprinzip erfahren und verinnerlichen • Positionen der Naturethik nachvollziehen und eine eigene Meinung dazu bilden • Erkennen, dass der Mensch massiv auf die Natur einwirkt • Das Beeinflussen überprüfen, hinterfragen und bewerten • Den Wert der Natur für den Menschen spüren und verinnerlichen • Verstehen, dass die Natur für alle da ist, insbesondere für nachfolgende Generation • Digitale Medien im Überklick erfassen • Deren Bedeutung für den Alltag erfahren und hinterfragen • Negative Auswirkungen der Medien erarbeiten und kritisch prüfen • Eine ablehnende Haltung gegenüber einer übertriebenen Medienpräsens einnehmen • Eigene Nutzung digitaler Medien kritisch prüfen	• Blitzlicht: *Natur unter dem Einfluss des Menschen* siehe Seite 22 (Kap. 3.1.4) • Fallstudie: *So wirkt Natur auf mich* • Umwelttagebuch führen: *Das habe ich für/gegen die Natur gemacht* • Anklageschrift der Natur: *Daran ist nur der Mensch schuld* siehe Seite 26 (Kap. 3.2.4) • Rollenspiel: *Lebensraum erhalten – Trockenlegung für einen Parkplatz* • Karikatur: *Was macht der Mensch aus der Natur* • Albtraum: *Hilfe, mein Smartphone ist weg* • Karikatur: *Smartphone erschlägt den Menschen* • Wochenübersicht: *So nutze ich digitale Medien* • Diskussion: *Flatrate und freie Smartphonenutzung für Jugendliche?* • Reporter: *Was finden Sie bei der Smartphonenutzung übertrieben?* • Tagebuch: *Hilfe, ich bin durch mein Smartphone gefangen* • Fishbowl: *Smartphone in der Schule* siehe Seite 31 (Kap. 3.3.7)

Inhalte	Kompetenzfeld	Umsetzungswege/Impulse
Jahrgangsstufe 7/8 • Freiheit und ihre Grenzen • Unantastbare Würde • Sinn des Lebens – Leben gestalten • Mit Konsum umgehen	• Bewusst werden, dass Freiheit eines der wichtigsten Rechte des Menschen ist • Grenzen für Freiheit finden, hinterfragen und erläutern • Einsehen, dass es die absolute Freiheit nie geben kann • Ausdrucksformen der Würde eines Menschen erfahren, zuordnen und verstehen • Erkennen, dass jeder Mensch über die unantastbare Würde verfügt; Verletzungen der Menschenwürde im Alltag recherchieren, erfassen und ablehnen • Erkennen, dass jeder Mensch die Frage nach dem Sinn des Lebens stellt • Bereitschaft wecken, sich für ein Lebensziel anzustrengen • Möglichkeiten finden, das Leben individuell zu gestalten und kritisch zu bewerten • Beispiele finden, wie sich ein vernünftiger Umgang mit Konsum ausdrückt • Hinterfragen, warum Konsum eine so hohe gesellschaftliche Priorität besitzt	• Gegenüberstellung: *Mensch in der Diktatur – Mensch in der Demokratie* • Tagebuch: *Von wegen Freiheit – ich erlebe nur Grenzen* • Brainstorming: *Würde des Menschen – wie drückt sie sich aus?* • Fallanalyse: *Welche Würde zählt mehr?* siehe Seite 27 (Kap. 3.2.7) • Internetrecherche: *Verletzungen der Menschenwürde in Politik und Alltag* • Karikatur: *Sinn des Lebens* • Umfrage: *Worin sehen Menschen ihren Lebenssinn?* • 4-Ecken-Spiel: *Vier Menschen – viermal Sinn des Lebens* • Fallerörterung: *Sinn des Lebens – Einsatz im Alltag* • Expertenrunde: *Ohne Konsum keine Fortentwicklung* • Assoziationsstern: *Konsum im Alltag* • Karikatur: *Konsum erschlägt* siehe Seite 23 (Kap. 3.1.7) • Traum: *Leben ohne jeden Konsum*

Inhalte	**Kompetenzfeld**	**Umsetzungswege/Impulse**
Jahrgangsstufe 9/10 • Menschenrechte • Gerecht sein ist schwer • Gewalt und Krieg • Einsatz für den Frieden • Liebe, Partnerschaft, Ehe • Sterben und Tod • Selbstbestimmung und Vernunft siehe Seite 39ff.: *4.2 Stationenlernen: Menschenrechte – ein Weg zum Frieden*	• Menschenrechte kennenlernen und deren Bedeutung nachvollziehen • Menschenrechtsverletzungen suchen, analysieren und hinterfragen • Erfahren, dass sich alle Menschenrechte dem Prinzip der Würde unterordnen • Zusammenhang zwischen Menschenrecht, Gerechtigkeit und Frieden herstellen • Konfliktfälle im Bereich des gerechten Verhaltens sehen und bewerten • Ursachen für Gewalt und Krieg verbalisieren und nach der Notwendigkeit fragen • Eine ablehnende Haltung gegenüber jeglicher Gewalt einnehmen • Möglichkeiten suchen, sich für Frieden einzusetzen und sich zu eigen machen • Liebe als Gefühl beschreiben • Arten von Partnerschaften kennenlernen und kritisch würdigen • Ehe als historisch gewachsene Art des Zusammenlebens verstehen • Erkennen, dass Tod und Sterben mit zum menschlichen Dasein gehören • Arten von Sterbehilfe kennenlernen und nach moralischen Kriterien prüfen • Eigene Einstellung zu Sterben und Tod gewinnen • Diskutieren, ob das Recht auf Leben ein Recht auf Sterben mit sich bringt • Erfahren, dass jeder Mensch über sich selbst bestimmen kann • Bewerten, wo die Grenzen der Selbstbestimmung liegen • Bewusst machen, dass Vernunft oft sachlich und weniger emotional gelagert ist • Kritisch prüfen, ob Vernunft das Nonplusultra des Lebens darstellt	• Gesetzestextanalyse: *Menschenrechte* • Einen Vertreter einer Menschenrechtsorganisation in den Unterricht einladen • Collage erstellen: *Menschenrechtsverletzungen* • Plädoyer halten: *Menschenrechte, die Errungenschaft der Menschen* • Karikatur zur Sichtweise von Menschenrechten • Umfrage: *Was ist für dich gerecht?* • Vortrag: *Wer gerecht handelt, kann keinen Krieg wollen* • Straßenbefragung: *Wo ist Gewalt akzeptabel?* • Ursachenforschung: *Warum Krieg?* • Tagebuch: *Das tue ich für den Frieden* • Provokation: *Frieden heißt sich nicht wehren* • Klassenaktion für den Frieden planen und durchführen • Fallbeispiel: *Frieden fängt im Kleinen an* • Sachtexte: *Partnerschaft kann so sein* • Umfrage über gleichgeschlechtliche Liebe • Tagebuch: *Ich habe mich geoutet* • Erfahrungsberichte zu Tod und Sterben analysieren • Eigene Erfahrungen mit dem Tod zeichnerisch ausdrücken • Expertenrunde: *Freie Sterbehilfe – menschenwürdiges Sterben* • Karikatur: *Sterben leicht gemacht* • Plädoyer für ein selbstbestimmtes Sterben • Rollenspiel: *Konflikt: Meine Vernunft sagt a, das Herz sagt b* • Ratgeber fragen: *Was ist vernünftig?* • Fallbeispiel: *Unvernunft siegt (Lottoeinsatz)* • Tagebuch: *Ich kann noch lange nicht machen, was ich will* • Schaubild erstellen: *Wer bestimmt wie über mich?*

3 Didaktisch-methodische Grundfragen zum Ethikunterricht

Der Ethikunterricht in der Sekundarstufe I orientiert sich – wie alle anderen Unterrichtsfächer – in hohem Maße an der Teamfähigkeit, Selbstständigkeit, Planungskompetenz und Schüleraktivität der Lerngruppe samt Lehrer.

Diese Grundbedingungen betreffen jede Phase des Unterrichts: vom Einstieg über die Erarbeitung bis zur Sicherung bzw. Vertiefung. So baut auch der Ethikunterricht auf der Maxime auf, dass es nicht die eine wahre Unterrichtsmethode gibt, sondern dass jeder Lehrer nach Thema, Zielsetzung und Lerngruppe seinen Unterricht individuell planen und gestalten muss. Methodische Vielfalt ist hier das Schlagwort vom frontalen Unterrichten über eine gelenkte Gesprächsführung bis hin zu schüleraktiven und selbstständigen Phasen, welche letztlich auch das freie Arbeiten, wie z. B. Stationenlernen oder Wochenplanarbeit, einbeziehen. Egal, wie der Unterricht gestaltet und ausgerichtet wird, der Lehrer sollte sich weniger als Vortragender, sondern mehr als Planer und Organisator des Unterrichts verstehen, sich, wo immer möglich und sinnvoll, zurücknehmen und somit die Aktivität und Selbsttätigkeit seiner Schüler anbahnen und diese ihnen dann auch gelenkt überlassen. Es gilt die alte Weisheit „Wer selbst etwas tut, dem wird auch nicht so schnell langweilig“ und weiterführend „Wem nicht langweilig ist, der hat auch weniger Lust zum Stören“.

Selbstständigkeit fördernde Maßnahmen verlangen häufig eine Kommunikation der Schüler untereinander, indem sie ihre Position, Meinung oder Erfahrung gegenüber ihren Mitschülern vertreten, sachlich begründen und hinterfragen. Daher bieten sich auch Sozialformen an, in denen die Schüler mit wechselnden Partnern arbeiten und Aufträge erfüllen. Hier stellt das Losprinzip (z. B. mithilfe von Karten oder Würfeln) eine gute Möglichkeit dar, Schüler zusammenzubringen, die vielleicht nicht gut miteinander auskommen, denn für das Losergebnis ist der Lehrer nicht verantwortlich. Diese Zufälligkeit bedeutet im Umkehrschluss, dass der Lehrer keineswegs nur immer mit den aktiven seiner Lerngruppe kommuniziert, sondern dass jeder Schüler, auch der eher passive oder zurückhaltende, damit rechnen kann, an die Reihe zu kommen, z. B. wenn der Vortragende eines Ergebnisses ausgelost wird. Auch das Einigen auf bestimmte Ergebnisse (z. B. entscheidet euch für die beste Lösung) zielt in die gleiche Richtung, denn sich zu einigen bedeutet Vor- und Nachteile abwägen, also zuhören, miteinander sprechen und diskutieren, auf die Argumente des anderen eingehen und sich mit diesen auseinandersetzen. So werden zentrale Grundkompetenzen (siehe Kap. 1.3) angebahnt und vermittelt.

Im Folgenden werden zur Erläuterung jeweils praktische Unterrichtsbeispiele für die einzelnen Phasen des täglichen Unterrichts vorgestellt. In vielen Fällen lassen sich die Methoden und Kompetenzen auch auf andere Inhalte und Unterrichtsphasen übertragen, sodass ein breites Feld von Vorschlägen für den gesamten Ethikunterricht entsteht.

3.1 Vorschläge für den Stundeneinstieg

Die Frage nach dem Einstieg in eine Unterrichtsstunde ist für den weiteren Stundenablauf von vorrangiger Bedeutung, entscheidet doch diese Phase häufig über Erfolg oder Misserfolg, rege Beteiligung oder passives Verhalten, Anspannung oder Langeweile.

3.1.1 Brainwriting: *Meine wichtigsten Pflichten* (Klasse 5/6)

Kompetenz: ***Sich frei und ungeordnet mit den eigenen Pflichten auseinandersetzen***

Durchführung: Die gesamte Tafel steht zur Verfügung. Der Lehrer schreibt in die Mitte: „Jeder Mensch hat Pflichten – auch du!“ Die Schüler gehen zur Tafel und schreiben an irgendeine Stelle einen passenden Begriff. Der Schreiber ruft den nächsten auf. Es sollten keine Wiederholungen notiert werden.

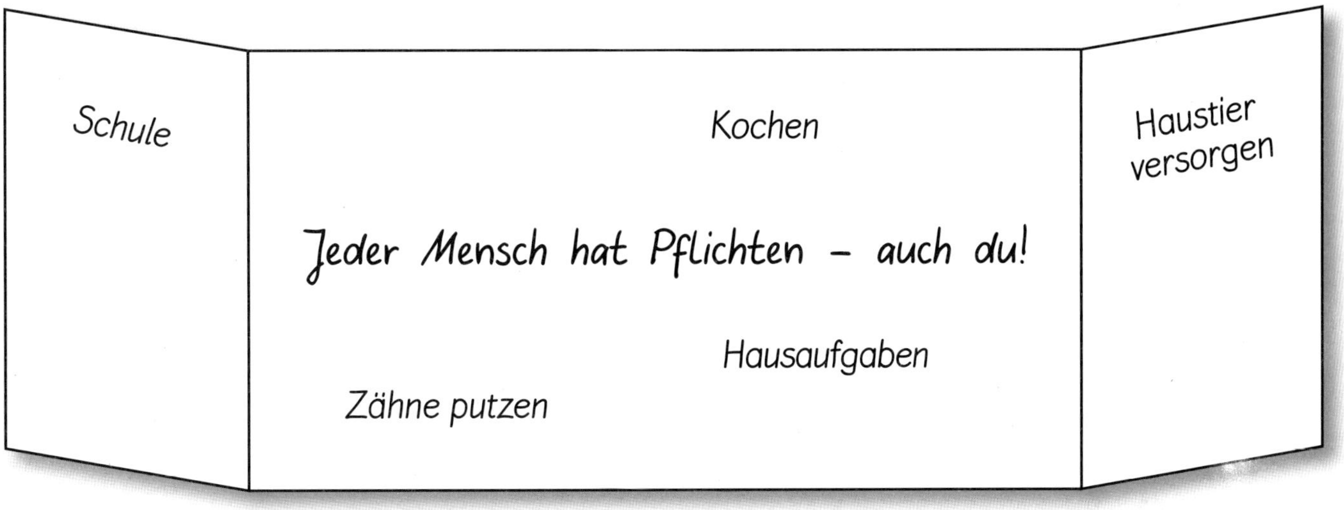

3.1.2 Spiegelgespräch mit sich selbst (Klasse 7/8)

Kompetenz: ***Durch das Gespräch mit dem eigenen Spiegelbild über sich selbst nachdenken***

Durchführung: Die Schüler erhalten eine Vorlage, die einen Jungen oder ein Mädchen vor dem Spiegel zeigt. Sie sollen den vorgegebenen Dialog auf sich beziehend führen.

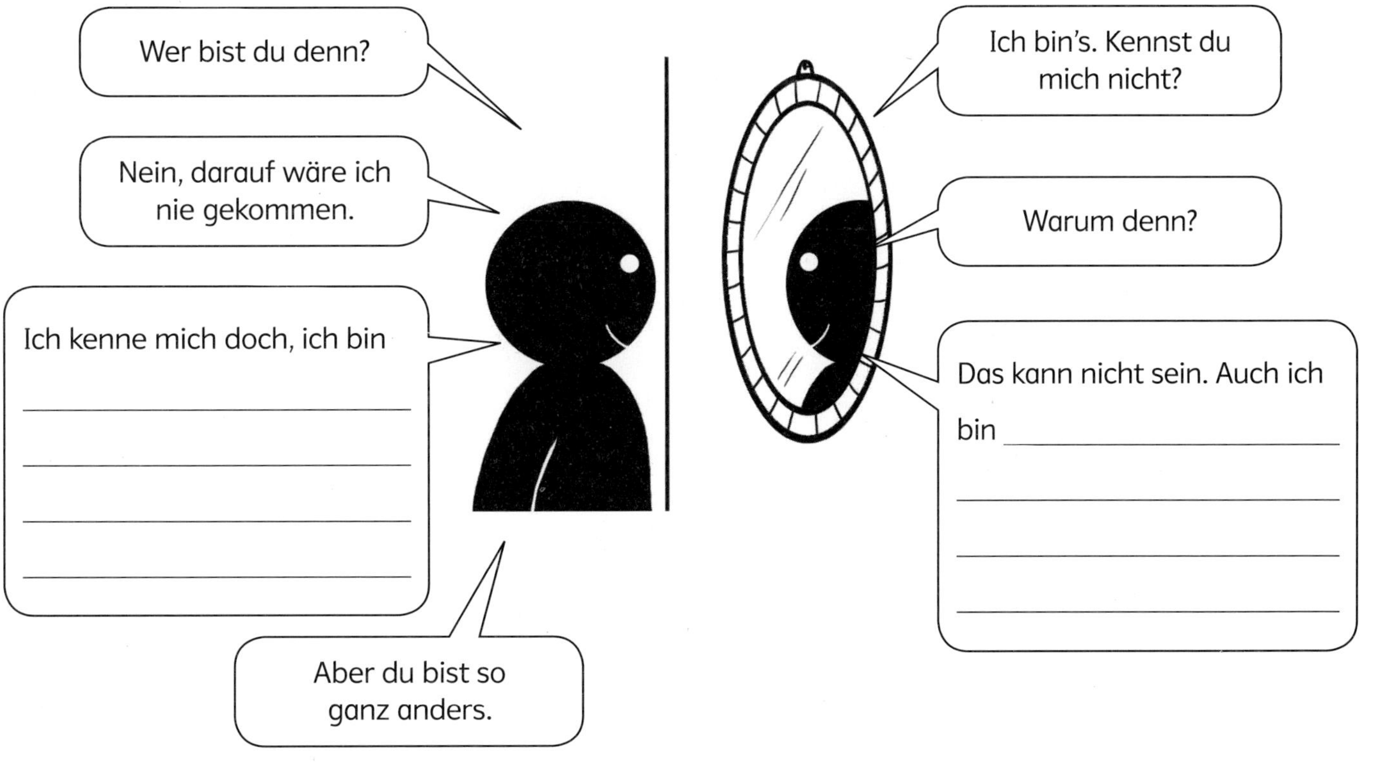

3.1.3 Traumbild entwerfen: *Meine Zukunft* (Klasse 9/10)

Kompetenz: ***Eigene Zukunftswünsche wahrnehmen und zeichnerisch darstellen***

Durchführung: Der Lehrer verteilt ein Blatt mit einer großen Traumwolke. Die Schüler legen Stifte bereit und setzen sich entspannt hin. Im Hintergrund läuft ruhige Musik. Nach der Einführung haben die Schüler Zeit zum Zeichnen.

> Jan liegt in seinem Zimmer und entspannt auf dem Bett. Er beginnt zu träumen und denkt: Wenn ich drei Wünsche für meine Zukunft zeichnen müsste, welche wären das wohl?

3.1.4 Blitzlicht: *Natur* (Klasse 5/6)

Kompetenz: ***Sich mit einem Bild identifizieren und die Nähe erläutern***

Durchführung: In der Klassenmitte liegen Bilder mit Impressionen aus der Natur (mindestens so viele, wie Schüler in der Lerngruppe sind). Die Schüler sitzen im Kreis um die Bilder herum. Sie betrachten diese, gehen umher und überlegen, welches Bild sie besonders anspricht. Auf ein Zeichen des Lehrers nimmt sich jeder ein Bild und setzt sich auf seinen Stuhl zurück. Nach einer kurzen Zeit des Nachdenkens stellen die Schüler ihr Bild vor und begründen ihre Wahl.

> Auf meinem Bild ist … zu sehen.
> Ich habe es ausgesucht, weil …

3.1.5 Assoziation: *Verantwortung haben* (Klasse 7/8)

Kompetenz: ***Eigene Verantwortung nennen und hinterfragen***

Durchführung: Der Lehrer zeigt ein Bild mit vier Aussagen zum Thema „Verantwortung". Die Schüler assoziieren, was sie unter den dargestellten Szenen jeweils verstehen und notieren ihre Ergebnisse als Beispiele auf einem Schmierzettel. Zum Schluss werden einige Beispiele (ausgelost und) dem Plenum vorgestellt und diskutiert.

3.1.6 www-Methode: *Was wäre, wenn in der Medizin alles erlaubt wäre?* (Klasse 9/10)

Kompetenz: ***Verhaltensweisen gedanklich bewältigen und hinterfragen***

Durchführung: Die Schüler sitzen im Halbkreis. Jeder erhält eine Karte, die er zunächst nicht lesen darf. Auf ein Zeichen des Lehrers dreht der erste seine Karte um und liest laut vor: „www – Was wäre, wenn …?“ Das Plenum versucht, eine spontane Antwort zu geben. Danach folgt der nächste Schüler (nach Meldung oder Auswürfelung).

www – Was wäre, wenn	… ich meinen Lieblingshund einfach klonen dürfte?
	… Erbanlagen des Menschen manipuliert werden dürften?
	… Menschen frei über ihren Tod entscheiden könnten?
	… alle lästigen Insekten vernichtet würden?
	…
Abschlussfrage:	www – Was wäre, wenn in der Medizin alles erlaubt wäre?

3.1.7 Karikatur: *Konsum erschlägt die Menschen* (Klasse 7/8)

Kompetenz: ***Karikaturen zu aktuellen Themen beschreiben und interpretieren***

Durchführung: Der Lehrer zeigt eine Karikatur. Die Schüler beschreiben diese und interpretieren die getroffene Aussage.

3.2 Vorschläge für die Erarbeitungsphase

Die Erarbeitung umfasst die Kernzeit des Unterrichts. Die Schüler erhalten notwendige Informationen und die fachlichen Voraussetzungen zum Verstehen, Analysieren, Hinterfragen oder Weiterentwickeln. Je aktiver die Schüler in dieser Phase agieren, je selbstständiger sie fachliche Grundlagen erarbeiten, je kommunikativer dieser Unterrichtsteil gestaltet ist, desto größer ist die Motivation zur Mitarbeit.

Im Folgenden werden einige methodische Möglichkeiten vorgestellt, ein Thema zu erarbeiten.

3.2.1 Richterspiel: *Flunkern – lügen – schummeln: Verboten oder erlaubt?* (Klasse 5/6)

Kompetenz: ***Lügen von Schummeln und Flunkern bewusst abgrenzen***

Durchführung: Die Schüler erhalten ein Blatt mit kleinen Episoden aus dem täglichen Leben. Sie versetzen sich in die Rolle eines Richters und treffen Entscheidungen, ob eine Lüge, ein Flunkern oder ein Schummeln vorliegt. Später werden im Klassenverband einige Entscheidungen verglichen und kommentiert.

Erkläre für jeden Fall:

Flunkern – lügen – schummeln: Verboten oder erlaubt?

Als die Mutter nach den Hausaufgaben fragt, sagt Norman: „Alles erledigt", obwohl er noch nichts gemacht hat, sondern nur am PC gespielt.

____

____

Vanessa verabschiedet sich von zu Hause: „Ich gehe Oma besuchen." In Wirklichkeit geht sie aber zur Kirmes.

____

____

Josua erzählt, dass er für den Werkunterricht 10,00 € mitbringen soll. Er kauft davon aber eine neue CD.

____

____

Kira bettelt um ein eigenes neues Smartphone. Sie erzählt, dass alle in ihrer Klasse ein solches Smartphone hätten, obwohl es nicht stimmt.

____

____

3.2.2 Wendetafel: *Gerecht oder ungerecht?* (Klasse 5/6)

Kompetenz: ***Begründete Entscheidungen fällen, ob ein gerechtes/ungerechtes Verhalten vorliegt***

Durchführung: Die Schüler sitzen im Kreis um eine Pinnwand, die von beiden Seiten genutzt werden kann. An einer Seitentafel sind auf Karten geschriebene Stichpunkte/Szenen angeheftet. Die Schüler entnehmen jeweils eine Karte und heften diese auf die entsprechnede Seite der Pinnwand (gerecht vs. ungerecht). Dabei begründen sie ihre Entscheidung. Sind alle Begriffe zgeordnet, werden die beiden Seiten im Plenum besprochen.

Strafarbeit für Schwätzer – der netteste Schüler spricht und wird verschont.

Wer im Training fehlt, spielt nicht mit – der beste Spieler schwänzt und darf nicht mitspielen.

3.2.3 Regiekarte: *Goldene Regel im Alltag* (Klasse 7/8)

Kompetenz: ***Eine Situation durch genaues Beobachten erfassen und deuten***

Durchführung: Die Schüler haben die Aufgabe, das Spiel von Mitschülern zu beobachten und sich Notizen auf einem Beobachtungszettel zu schreiben. Dazu spielen einige der Schüler gemäß den gezogenen Regiekarten. Abschließend findet eine Besprechung im Plenum statt.

Regiekarte: ***Tom 1***

Tom ist wütend über einen Mitschüler. Dieser hatte ihn „blöder Loser" genannt, weil Tom einen Siebenmeter neben das Tor geworfen hat.

Tom spricht zu sich selbst und erklärt, warum er wütend ist und welches Verhalten er absolut nicht mag.

Regiekarte: ***Niko***

Niko ärgert sich über Tom. Er wollte den Siebenmeter werfen, aber Tom hat sich vorgedrängelt. Nachdem dieser danebengeworfen hat, macht Niko ihm Vorwürfe und sagt „blöder Loser" zu ihm.

Regiekarte: ***Nina***

Nina sieht, dass Tom wütend ist, weiß aber nicht warum. Sie geht auf Tom zu und fragt ihn, was los ist.

Regiekarte: ***Tom 2***

Tom fühlt sich durch Ninas Frage provoziert. Sein Ärger wächst.

Er sagt zu Nina: „…, du blöde Kuh!"

3.2.4 Anklageschrift der Natur: *Daran ist nur der Mensch schuld* (Klasse 7/8)

Kompetenz: ***Vorwürfe erfassen und auf ihre Berechtigung überprüfen***

Durchführung: Die Schüler arbeiten in Kleingruppen. Sie erhalten ein Skript, auf dem die Natur die Menschen wegen ihres Verhaltens anklagt. Sie versuchen, sich im Gespräch auf eine einheitliche Antwort zu einigen.

Anklageschrift: ***Das wird den Menschen von Mutter Natur vorgeworfen:***

- Ihr beutet meine Rohstoffe in unerträglichem Maße aus.
- Ihr verschwendet die euch von mir zur Verfügung gestellten Ressourcen.
- Ihr verpestet mit allen möglichen Schadstoffen die reine Luft.
- Mit euren Erfindungen schadet ihr oft mehr, als dass sie nutzen.
- All meine Warnsignale interessieren euch nicht. Ihr ignoriert sie.
- ...

Seid euch bewusst, auch ich muss mich wehren.
Ich kann mir nicht alles gefallen lassen.

3.2.5 4-Ecken-Spiel: Konfliktlösungsstragien (Klasse 7/8)

Kompetenz: ***Zu vorgegebenen Konflikten gewaltfreie Lösungsvorschläge ausarbeiten***

Durchführung: Der Lehrer hat an vier Ecken des Klassenraumes jeweils eine Konfliktsituation aufgehangen. Die Klasse ist (per Los) in vier Gruppen aufgeteilt. Jede Gruppe beschäftigt sich mit dem ihr zugewiesenen Konflikt, bewertet die Situation und entwickelt mindestens eine (gewaltfreie) Lösung. Diese wird später dem Plenum vorgestellt und diskutiert.

Konfliktsituation 1

Igor ist von Tom aus der Nachbarklasse verpfiffen worden und hat eine strenge Schulstrafe erhalten. Dafür hat er dem „Verräter" Prügel angedroht und sich mit zwei anderen Jungen der Klasse verabredet, um ihm nach der Schule aufzulauern. Davon haben Schüler aus Toms Klasse erfahren, die Toms Verhalten in Ordnung finden und ihm helfen möchten.

Konfliktsituation 2

Silvie hat ihrem Bruder versprochen, für ihn am Wochenende Zeitungen auszutragen, da dieser verhindert ist. Am Morgen erhält Silvie eine Einladung, mit ihrer Clique zum Volksfest zu fahren. Als sie von ihrem Versprechen erzählt, wird sie ausgelacht und hört: „Wenn du nicht mitkommst, dann streichen wir dich aus unserer Clique."

3.2.6 Placemat: *Weiterleben nach dem Tod* (Klasse 9/10)

Kompetenz: ***Vorwissen schriftlich fixieren, Gemeinsamkeiten finden, Fragen formulieren***

Durchführung: Die Schüler arbeiten in Vierergruppen. Auf jedem Gruppentisch liegt eine Placemat-Vorlage. Die Schüler sitzen so, dass jeder einen Abschnitt des Placemat vor sich liegen hat. Jeder schreibt jetzt auf, was er über ein Weiterleben nach dem Tod denkt, gehört hat oder vermutet. Dabei wird nicht gesprochen. Erst auf ein Zeichen des Lehrers liest jeder die Notizen des anderen – Rückfragen sind erwünscht. Zum Abschluss entscheidet die Gruppe gemeinsam, was sie als Erkenntnis aus der Arbeit mitnehmen und welche Fragen noch offen geblieben oder entstanden sind. Diese schreiben sie in den mittleren, noch leeren Kasten.

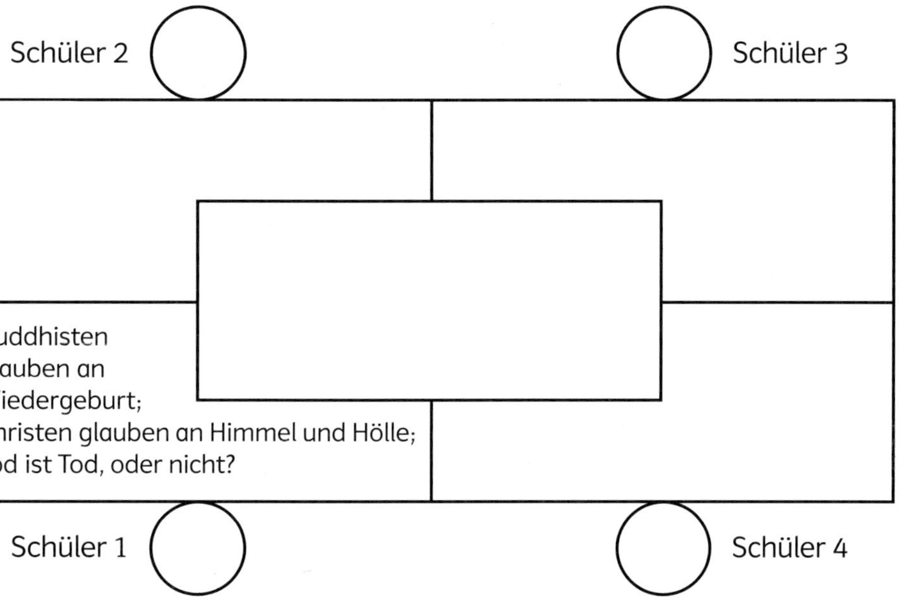

3.2.7 Fallanalyse: *Welche Würde zählt mehr?* (Klasse 9/10)

Kompetenz: ***Das Problem der Menschenwürde am konkreten Fall hinterfragen und nachvollziehen***

Durchführung: Die Schüler erhalten eine Fallschilderung. Sie erarbeiten diese in Partnerarbeit und diskutieren die Frage: Welche Würde zählt mehr – die des Täters oder die des Opfers? Anschließend besprechen sie im Klassenverband die „richtige“ Lösung.

1. Lest zu zweit die geschilderte Ausgangslage, die sich auf den Fall des 2002 entführten Sohnes der Familie von Metzler bezieht. Berücksichtigt die Tatsache, dass Folter oder deren Androhung zu den unumstrittenen und niemals zu duldenen Verletzungen der Menschenwürde gehören.

   Der Sohn einer reichen Familie wurde entführt. Obwohl das geforderte Lösegeld übergeben wurde, erfolgte keine Freilassung des Jungen. Der Entführer konnte festgenommen werden. Bei den Vernehmungen hatten die ermittelnden Polizeibeamten das Gefühl, dass der Festgenommene mit ihnen Katz und Maus spielte. Alle Ermittlungen verliefen ohne Ergebnis. Für die Polizei wurde die Situation immer schwieriger: Lebte der Junge noch, drohte er zu verdursten oder zu verhungern, wenn er nicht gefunden würde. Der Polizeipräsident ordnete daraufhin an, dass dem Entführer Schmerzen angedroht werden und diese auch wirklich in die Tat umgesetzt werden dürfen, wenn er den Aufenthaltsort nicht bekannt gäbe. Die Androhung zeigte Wirkung. Die Polizei wurde zu der Stelle geführt, wo die Leiche des Jungen versteckt lag.

2. Darf der Polizeipräsident die Würde des Täters gegen die Würde des Opfers abwägen? Begründet.

3.2.8 Tagesschau: *So handelt der Mensch rücksichtslos* (Klasse 9/10)

Kompetenz: ***Anhand von konkreten Situationen rücksichtsloses Verhalten erkennen***

Durchführung: Die Schüler sitzen im Klassenverband. Ein (ausgeloster) Schüler verliest die heutigen Nachrichten. Der Text sollte dabei durch Fotos oder Bilder mithilfe eines Whiteboards begleitet werden.

„Guten Morgen, liebe Mitschülerinnen und Mitschüler. Hier ist die Tagesschau mit den neusten Kurznachrichten.

München: Bei einem Unfall auf der A 9 mussten Rettungsmannschaften zum Unfallort laufen, weil Autofahrer keine Rettungsgasse gebildet hatten.

Mannheim: Beim Versuch, eine Straße zu überqueren, fiel eine ältere Dame hin. Anstatt ihr zu helfen, entriss ein Jungendlicher ihr die Handtasche und flüchtete.

Deutschland: Viele Menschen kaufen lieber preiswertes Fleisch aus Massentierhaltung als teureres Fleisch aus zertifizerter Masttierhaltung.

…“

3.3 Vorschläge für die Vertiefungsphase

Mit der Vertiefungs- bzw. Sicherungsphase wird die Unterrichtsstunde beendet. Dabei wird versucht, die Unterrichtsergebnisse zu sichern, indem diese unter einem aufbauenden Aspekt wiederholt, systematisiert oder transferiert werden. Solche Transferleistungen sind für die Schüler motivierend, regen zur Aktivität an und bieten eine individuelle Bestätigung, erworbenes Wissen sachgerecht anzuwenden.

Die folgenden Vorschläge zeigen Möglichkeiten auf, diese Transferleistungen kreativ abzufordern. Dabei stehen insbesondere Selbstständigkeit, Schüleraktivität und Kommunikation im Fokus.

3.3.1 „Auf den Kopf"-Methode: *Smartphone* (Klasse 5/6)

Kompetenz: ***Smartphonenutzung gezielt hinterfragen und auf die Altersgruppe abstimmen***

Durchführung: Die Schüler erhalten ein Papier, das provozierende Aussagen zum Smartphonegebrauch ihrer Altersgruppe verbalisiert. Sie sollen die Aussagen erfassen und so umformulieren, dass ein sinnvoller Smartphonegebrauch erkennbar ist.

Du musst immer, egal wo, über dein Smartphone erreichbar sein.	→	*Unterhalte dich lieber mit Menschen, als immer auf den Bildschirm zu gucken, habe es für Notfälle aber immer dabei.*
In der Schule lässt du dein Smartphone offen auf der Bank liegen.	→	…
Auch nachts machst du dein Smartphone nicht aus, es könnte eine Mitteilung kommen.	→	

3.3.2 Schreibimpuls: *Nur die Wahrheit hilft weiter* (Klasse 5/6)

Kompetenz: ***Die Wahrheit als wichtige menschliche Eigenschaft erkennen und umsetzen***

Durchführung: Der Lehrer präsentiert ein Bild mit Aufforderungscharakter. Die Schüler schreiben eine persönliche Geschichte dazu. Später sollen die Geschichten verglichen bzw. besprochen werden.

3.3.3 Live View: *Ein Muslim erklärt die Gebetshaltungen* (Klasse 5/6)

Kompetenz: ***Gebetshaltungen als Ausdruck von Religion erkennen und nachempfinden***

Durchführung: Eingeladen ist eine Person, die aus eigener Erfahrung über Gebet und Gebetshaltungen der Muslime berichten kann. Durch dieses direkte Zeigen und Praktizieren können die Schüler erarbeitete Inhalte vertiefend nachvollziehen.

3.3.4 Zuordnungsspiel: *Wer hat für was welche Verantwortung?* (Klasse 7/8)

Kompetenz: ***Sensibel werden für die Übernahme von Verantwortung und diese hinterfragen***

Durchführung: Mit dem Whiteboard wird eine Situation eingeblendet (als Skript oder Bild). An der Tafel befinden sich zwei Rubriken: *Wer?* und *Welche Verantwortung?*
Die Schüler ordnen durch Anheften von beschriebenen Kartonstreifen einem *Wer* die entsprechende *Verantwortung* zu. Sie begründen und diskutieren.

Wer?	Situation	Welche Verantwortung?
Jacob, der Fahrer Sein Vater als Aufsicht Sein Freund als Verkäufer Onkel Nils, der den Roller geschenkt hat	***Jacob hatte einen Rollerunfall. Dabei wurde festgestellt, dass der Roller frisiert ist. Das war beim Kauf von seinem Freund bekannt.***	trotz Verbot gefahren nicht kontrolliert frisierten Roller verkauft

3.3.5 Puzzle: *Weltreligionen* (Klasse 7/8)

Kompetenz: ***Einen Überblick über die wichtigsten Weltreligionen erhalten***

Durchführung: Die Schüler sitzen in Kleingruppen. Jede Gruppe erhält ein Arbeitspapier mit den im Unterricht erarbeiteten Begriffen zu den Weltreligionen Islam – Christentum – Judentum. Die Begriffe sind bunt aus den Religionen zusammengewürfelt. Es wird ausgelost, zu welcher Religion die Gruppe alle Begriffe zusammenstellen soll. Richtig zusammengesetzt passen die einzelnen Teile für jede Religion zusammen und bilden die Form eines Rechtecks.

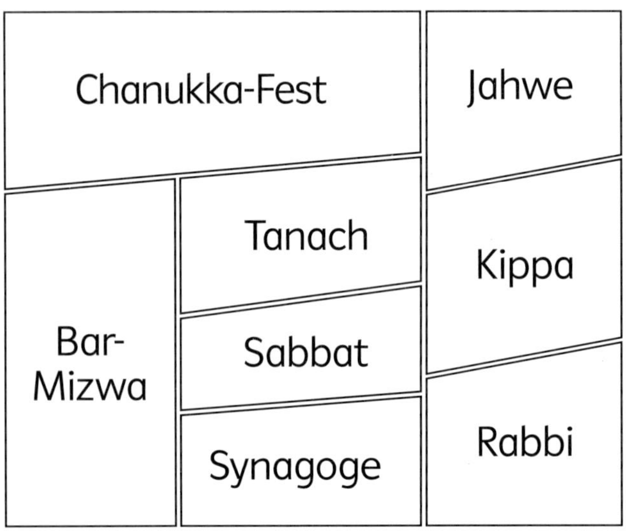

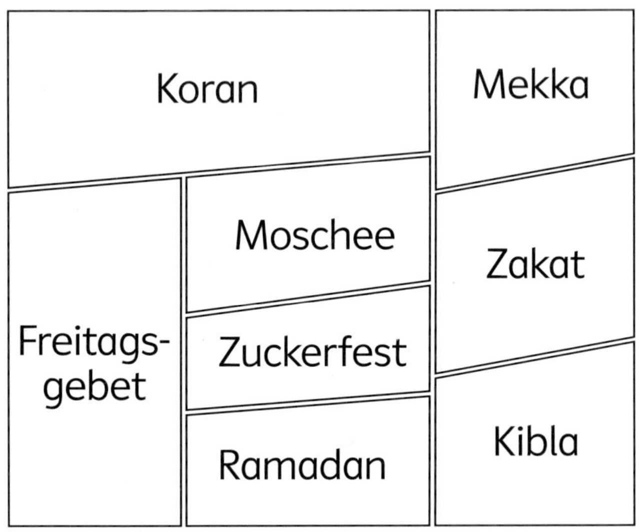

3.3.6 Anwendungsfall: Muss ich das tolerieren? (Klasse 9/10)

Kompetenz: ***Anwendung erworbenen Wissens unter Einbezug von Emotionen und deren Hinterfragung***

Durchführung: Die Schüler bearbeiten zunächst in Einzelarbeit eine konkrete Fallsituation. Jeder notiert seine Gedanken auf einem Schmierzettel. In Vierergruppen erfolgt dann die jeweilige Lösungsvorstellung, die Diskussion der angebotenen Lösung und, wenn möglich, die Einigung auf den „besten" Vorschlag.

Fallbeispiel: Umwelt

Ein Waldstück soll für den Bau einer Autobahn gerodet werden. Einsprüche von Umweltverbänden wurden per Gerichtsentscheid zurückgewiesen und es liegt eine rechtmäßige Genehmigung vor. Umweltaktivisten haben sich am Wochenende vor dem Beginn der Rodungsarbeiten in dem Waldstück verschanzt, Baumhäuser errichtet und Fallen rund um die Bäume angelegt. Der Aufforderung der Polizei, das Waldgebiet zu verlassen, wird nicht nachgekommen, stattdessen werden die Polizisten bedroht, beleidigt, teilweise sogar angegriffen. Einzelne Umweltaktivisten lassen sich einfach wegtragen, andere wehren sich mit Händen und Füßen.

3.3.7 Fishbowl: *Smartphone in der Schule* (Klasse 9/10)

Kompetenz: ***Argumente werten, hinterfragen und eigene verbalisieren***

Durchführung: Die Schüler sitzen in zwei Kreisen, einem Innen- und Außenkreis. Im Innenkreis sitzen etwa ein Drittel der Schüler, im Außenkreis die übrigen. Im Innenkreis stehen zusätzlich ein oder zwei leere Stühle. Auf einen Impuls des Lehrers sprechen die Innenkreisschüler über das vorgegebene Thema. Wenn jemand aus dem Außenkreis etwas sagen will, steht er auf und setzt sich auf einen freien Stuhl. Er erhält dann als Nächster das Wort. Hat er seinen Beitrag geleistet, setzt er sich wieder in den Außenkreis zurück. Durch die direkte spontane Kontaktaufnahme ist die Mitarbeit aller Schüler erfahrungsgemäß intensiver als beim normalen Gespräch. Der Lehrer kann den Ablauf durch Kommentare und Impuls steuern. Die Schüler aus Innen- und Außenkreis können im Verlauf wechseln.

Ausgangsimpuls: In Frankreich sind Smartphones in der Schule tabu – spätestens seit diesem Tag hat in den Schulen eine neue Diskussion über Smartphones eingesetzt. Die Schüler des Innenkreises tragen in kurzen Statements ihre Argumente für oder gegen den Gebrauch des Smartphones in der Schule vor.

3.4 Leistungskontrolle im Ethikunterricht

Als ordentliches Lehrfach ist auch der Ethikunterricht auf eine angemessene und begründete Bewertung von Lernzuwachs und Leistung im Rahmen der Notenskala 1–6 angewiesen. Schwierig ist in diesem Zusammenhang die Tatsache, dass die eigene persönliche Meinung und individuelle Haltung zu ethischen Fragestellungen kaum benotbar sind. Bei der Bewertung muss daher besonderes Augenmerk auf die Fähigkeit zur Argumentation und Begründung von Entscheidungen und Verhaltensweisen sowie deren Anwendung in Beispielsituationen gelegt werden.

Von daher muss eine Leistungsmessung in Ethik über das reproduktive Wissen hinausgehen. Auf Grundlage erworbener Sachkenntnisse entwickeln die Schüler ihre eigene Meinung, können diese begründen, kritisch hinterfragen, abwägen und schulen so in besonderer Weise ihre Urteilsfähigkeit. Dabei spielen die Identifikation mit Menschen in bestimmten Situationen, das Jonglieren mit unterschiedlichen Handlungsmustern und -alternativen sowie das dafür notwendige fantasierende oder kreative Denken eine herausragende Rolle.

Um dabei objektiv und angemessen bewerten zu können, sollten die folgenden fünf Schwerpunkte berücksichtigt werden:

- **Sachwissen**, z.B. die fünf Säulen des Islam, wichtige Menschenrechte oder Umweltschäden
- **pragmatische Fähigkeiten**, z.B. die Ausgestaltung von Plakaten, Collagen, Bildern oder Spielszenen
- **Arbeitsorganisation**, z.B. Aufgabenverteilung und -übernahme in der Gruppenarbeit, Absprachen in der Erarbeitungsphase oder eigenständiges Fragen bzw. Nachforschen
- **Kommunikationsfähigkeit**, z.B. das Beherrschen und Einhalten von Gesprächsregeln, die Fähigkeit des Zuhörens und Eingehens auf den Vorredner sowie der Impulssetzung bei stockenden Gesprächen
- **mentale Fähigkeiten**, z.B. die Möglichkeit, zu argumentieren, analysieren oder kritisieren, um Lösungswege aufzuzeigen, sowie das Hineinversetzen in andere Sichtweisen und Denkmodelle, dazu gehört auch das Zeigen von Toleranz und Achtung der Überzeugungen anderer

Die nachfolgende Tabelle zeigt einige Möglichkeiten der Lernkontrolle bzw. Leistungsbeurteilung für den kognitiven wie mentalen Bereich:

Methode	**Beispiel**
Gezielte Fragen zu einem Thema	*Wie heißen die fünf Säulen des Islam?*
Ausfüllen eines Kreuzworträtsels mit Lösungswort	*Wichtigstes Menschenrecht …*
Erstellen einer Mindmap	*Was gehört alles zur Natur?*
Lückentext	*Vor dem ____________ der Moschee zieht sich der Muslim ____________ aus.*
Multiple-Choice-Verfahren	*Zuckerfest =* ☐ *Beginn der Fastenzeit* ☐ *Ende des Ramadan* ☐ *Christliches Fastenfest*
Fehlersuche	*Jeder gläubige <u>Christ</u> muss mindestens einmal im Leben eine Pilgerreise nach Mekka antreten.*
Fallanalyse	Situation, die von Schülern eine eigene, begründete Meinung verlangt. *Ist Lügen hier akzeptabel?*

Methode	Beispiel
Karikatur	Beschreiben und Deuten einer Karikatur zum Thema „Umwelt“
Karikatur entwerfen	*Zeichne eine Karikatur zur goldenen Regel.*
Thesenstellungnahme	*Toleranz heißt, über den eigenen Schatten zu springen.*
Pro-und-Kontra-Argumentation	*Wer an ein Weiterleben glaubt, dessen Leben hat mehr Sinn.*
Stimmungsanalyse	Mit Farben Stimmungen zeichnerisch ausdrücken

3.5 Aktuelle Bezüge

Bei der Vorstellung der Themenfelder (Kap. 1.4) wurde bereits erwähnt, dass aktuelle Bezüge ein wichtiges Kriterium für den Ethikunterricht darstellen. Grundsätzlich gilt, dass dieser Bezug nicht vorgeplant, sondern spontan in den Unterricht integriert werden muss.

In unserer digitalisierten und globalen Welt bleibt nichts verborgen. Egal, wo auf der Erde ein besonderes Ereignis (Katastrophen, Terroranschläge, Unglücke) stattfindet, es verbreitet sich in kürzester Zeit über das Internet und ist damit auch dem Schüler präsent. Es ist Aufgabe der Schule und insbesondere des Ethikunterrichts, dem Schüler hier sachliche Informationen zu bieten, ihn nicht mit typischen Netzhalbwahrheiten allein zu lassen und insbesondere seine Gefühlslage bzw. emotionale Betroffenheit zur Sprache zu bringen. Dies ist besonders dann der Fall, wenn die Schüler aus eigenem Antrieb mit entsprechenden Fragen oder Problemen an den Lehrer oder die Klasse herantreten.

Neben diesen überregionalen Ereignissen spielen aber auch auf die Region bezogene Erscheinungen sowie einen oder mehrere Schüler persönlich betreffende Situationen eine Rolle. Gerade bei Letzterem wird vom Lehrer Fingerspitzengefühl und Anteilnahme erwartet, um diese Situationen etc. emotional im Unterricht aufzubereiten.

Die folgenden Punkte dienen als praktische Fallbeispiele:

- Terrorschläge, wie z. B. der Anschlag auf den Berliner Weihnachtsmarkt
- besondere Naturkatastrophen, wie z. B. Erdbeben oder Wirbelstürme
- Kriege und das Elend der Zivilbevölkerung, wie z. B. in Syrien
- Hungerkatastrophen, wie z. B. in Afrika
- Absturz des Germanwings-Flugzeuges in den französischen Alpen (der Fall war sogar zweifach relevant für die Klasse, da eines der Opfer die Schüler bei der Besichtigung eines Druckhauses begleitet hatte)
- Selbstmord der Oberbürgermeisterin unserer Schulträgerstadt, die allen Schülern durch viele Aktionen bekannt war
- Brand in der eigenen Schule, der zu Panik und vielen Fragen geführt hat
- Unfalltod eines Neuntklässlers, der mit seinem frisierten Roller aus der Kurve getragen wurde und gegen einen Baum prallte
- Tod einer Zehntklässlerin, die nach langer Krankheit an Krebs starb

3.6 Außerschulische Lernorte

Für bestimmte Themenstellungen im Ethikunterricht bieten sich außerschulische Lernorte an. Dieses Durchbrechen des Schulalltags erhöht die Motivation, bringt Abwechslung und steigert die Aufmerksamkeit in besonderem Maße. Eine andere Lernatmosphäre zieht häufig eine veränderte Grundstimmung und Lernbereitschaft mit sich. Zusätzlich wird die typische Klassenstruktur aufgebrochen und andere soziale Kontakte der Schüler untereinander sind möglich und wahrscheinlich. Eine solche effektive Nutzung der Lern- und Arbeitszeit basiert natürlich auf den fachspezifischen Zielsetzungen wie den allgemein anzustrebenden Kompetenzen.

Außerschulische Lernorte können dabei im direkten Schulumfeld liegen, aber auch außerhalb der Schule, dann verbunden mit einem Unterrichtsgang oder einer Exkursion. Gerade Letzteres benötigt eine besondere Form der Vorbereitung und Absicherung.

Die im Folgenden aufgezeigten Beispiele bieten Anregungen zur Nutzung dieser pädagogisch-didaktischen Form des Unterrichtens:

- Besuch eines Friedhofes als Ort der Erinnerung und des Trauerns
- Besuch eines Gotteshauses (Kirche, Synagoge, Moschee) mit Führung und Erläuterung durch einen Fachmann
- Forschungsauftrag im Ort oder Stadtteil, z. B. religiöse Symbole oder Hinweise entdecken, aufschreiben oder fotografieren
- Besuch einer kulturellen oder religiös motivierten Veranstaltung, z. B. eine Bittprozession oder ein Gedenkmarsch
- Besuch einer Beratungsstelle oder eines Hospizes, um vor Ort Einzelheiten der täglichen Arbeit besser einschätzen zu können
- Unterrichtsgang auf dem Schulgelände, um geeignete Plätze für aktiven Naturschutz zu entdecken, z. B. Insektenhotel, Nistkasten
- Suche nach Beispielen in der direkten Umgebung, wo Menschen aufeinander angewiesen sind
- Befragungen innerhalb der Stadt durchführen mit dem Ziel, die Einstellung der Befragten zu bestimmten Themen herauszufiltern

3.7 Differenzierung

Zu den heutigen Gegebenheiten in der Schule gehört eine heterogene Zusammensetzung der Schulklasse bzw. Lerngruppe. Heterogen bedeutet dabei unterschiedlich begabte Schüler in einer Lerngruppe, differente Ausgangsvoraussetzungen, verschiedene Arbeitstempi sowie unterschiedliche Begabungen. Daher muss die didaktisch-pädagogische Konsequenz sein, der Schülerschaft mit einem differenzierten Unterrichtsangebot zu begegnen, damit letztlich jeder ein gewisses Grundwissen und ein Erfolgserlebnis erreichen kann. Hierzu bilden die einzelnen Kompetenzstufen der Bildungsstandards das Gerüst, welches im täglichen Unterricht mit schülergemäßem Inhalt zu füllen ist.

Differenzierbar sind sowohl die Themenauswahl (Kernthemen, erweiterte Fragestellungen) als auch die Qualität der angebotenen Materialien (Sachtext, emotional gefärbter Bericht, Bild oder Karikatur), die zu bearbeitenden Aufträge sowie der geforderte Umgang mit diesen. Wege der Differenzierung lassen sich auch durch die Sozialformen anbahnen, wenn z. B. bewusst heterogene Arbeitsgruppen zusammengestellt werden. Für den Lehrer bedeutet dies in jedem Fall eine besondere Art der Vorbereitung seines Unterrichts, da er diesen an den Bedürfnissen und Voraussetzungen seiner Lerngruppe orientieren muss.

Das folgende Beispiel eines differenziert gestalteten Arbeitsauftrags konkretisiert die obige Forderung.

Anna und Jule sind Schülerinnen der Klasse 5a. Jule ist in der Klasse besonders beliebt und so etwas wie der heimliche Star. Wenn besondere Aufgaben verteilt werden, wird Jule fast immer als Partner gewählt, sogar von den Jungen. Besonders beliebt sind die Aufgaben innerhalb des Klassenrates. Anna ist für den nächsten Monat zur Vorsitzenden des Klassenrates bestimmt worden. Um ihr bei den Aufgaben zu helfen, darf sie sich eine Stellvertreterin suchen. Für Jule ist es vollkommen klar, dass sie diese Stellvertreterin wird. Sie sieht auch schon, wie Anna sie anschaut. „Als Stellvertreter für den Klassenrat im nächsten Monat wähle ich Luka“, so hört es die ganze Klasse laut und deutlich.
„Ausgerechnet Luka, diesen Loser, der nichts auf die Reihe bekommt“, denkt Jule. „Du blöde Kuh, ab jetzt sind wir geschiedene Leute, ich schaue dich nicht mehr an und werde dir das Leben in der Klasse zur Hölle machen.“ Damit dreht sie Anna demonstrativ den Rücken zu und zieht ein Gesicht wie sieben Tage Regenwetter. Anna schaut überrascht und überlegt, was sie falsch gemacht haben könnte. Sie ist sich keiner Schuld bewusst.

Die folgenden, das Arbeitsblatt erschließenden, Aufträge sind vom Schwierigkeitsgrad her unterschiedlich.

- *Markiere im Text die Gründe für den aufkommenden Streit aus der Sicht Jules.*
- *Unterstreiche Gesten, Verhalten und Worte Jules.*
- *Was hat Anna falsch gemacht? Schreibe es auf.*
- *Führe die Geschichte weiter, indem du die Reaktion Annas aufschreibst.*
- *Findest du, dass die Situation zu einem Streit führen muss?*
- *Suche andere Gründe, weshalb es zum Streit in einer Klasse kommen kann.*

Eine vom Schwierigkeitsgrad her anspruchsvollere Ausgangssituation wären z. B. Sprechblasen gewesen in Verbindung mit den folgenden Aufgaben.

Welche Streitursachen könnten zu den beiden Aussagen passen?

Ich bin überrascht und sauer, denn ich habe doch gar nichts gemacht!

Die blöde Kuh, der werde ich es aber geben.

Du hast jetzt einige Streitursachen erarbeitet. Erstelle ein Schaubild, in das du die Ursachen einträgst.
Alternativ: *Trage die Ursachen in das vorbereitete Schaubild ein.*

Alles das kann zum Streit führen.

3.8 Hausaufgaben

Auch der Ethikunterricht kann auf Hausaufgaben, trotz aller pädagogischen Diskussionen über Sinn und Unsinn, nicht gänzlich verzichten. Hausaufgaben können unter einem zweifachen Aspekt bedeutsam sein: als vorbereitende oder weiterführende Arbeit.

3.8.1 Vorbereitende Hausaufgaben

Vorbereitende Hausaufgaben zielen auf die nachfolgende Unterrichtsstunde ab. Die durch die Schüler bereitgestellten Ergebnisse werden in den Unterricht integriert. Für die Schüler bedeutet dies Motivation und Zielgerichtetheit, da sie direkt erfahren, dass ihre häusliche Arbeit Grundlage des Unterrichts ist. Damit ist diese Art der Hausaufgabe besonders geeignet, Schüleraktivität herauszufordern, Selbstständigkeit zu praktizieren, zur Kommunikation anzuregen und Ergebnisse zu präsentieren.

Praktische Beispiele für vorbereitende Hausaufgaben:

- **Vernissage:** Es werden vorbereitende Plakate oder Collagen auf einigen Tischen der Klasse ausgelegt. Die Schüler gehen um die ausgestellten Materialien herum, machen sich Notizen oder erhalten Erklärungen dazu. Eine Vernissage kann auch als Kleingruppenarbeit in Auftrag gegeben werden.
- **Bilderkiosk:** Jeder Schüler bringt zu einem Thema ein passendes Bild mit. Die Bilder werden in die Klassenmitte gelegt. Anschließend, nach einer Phase der stillen Betrachtung, nimmt sich jeder Schüler ein Bild und erklärt dem Plenum, warum er dieses ausgewählt hat. Es sollten mehr Bilder als Schüler vorhanden sein.
- **Fragebogenaktion:** Die Schüler haben durch eine Befragung im Vorfeld der Stunde Meinungen und Ansichten zu einem Thema herausgefiltert.
- **Schülerlesung:** Einzelne Schüler tragen einen Text am Lesepult vor; anschließend dient dieser als Diskussionsgrundlage.

3.8.2 Weiterführende Hausaufgaben

Weiterführende Hausaufgaben wenden erworbenes Wissen an, vertiefen oder erweitern Einsichten, um so neue Aspekte und Sichtweisen einzubringen. Wichtig ist in jedem Fall, dass diese in den Unterricht eingebaut werden müssen.

Praktische Beispiele für weiterführende Hausaufgaben:

- **Plädoyer:** Zu einem Thema werden Pro- und Kontra-Argumente in Form eines Vortrages zusammengefasst und zu Beginn der Stunde vorgetragen.
- **Quartettspiel:** Jeder Schüler erstellt zu einem Thema jeweils eine Quartettkarte in DIN-A6-Format. Im Unterricht werden diese zu einem fertigen Spiel zusammengefügt. Die Themenverteilung sollte ausgelost werden.
- **Geflügelte Worte oder Zitatsammlung:** Die Schüler erhalten Aussagen berühmter Menschen über ein Thema und versuchen, diese zu interpretieren.
- **Heilloses Durcheinander:** Die Schüler übertragen eine unstrukturierte Vorlage in ein überschaubares Schaubild.

4 Beispielstunden

Wie alle Nebenfächer ist auch Ethik in der Regel mit zwei Wochenstunden angesetzt. Somit ergibt sich für eine langfristig angelegte Unterrichtsplanung pro Themenfeld eine Zeitspanne von 6–7 Wochen. Eine solche Planung ist im schulischen Arbeitsplan niederzulegen und bietet die Chance, den Ethikunterrricht für ein ganzes Schuljahr in groben Zügen zu fixieren. Grundsätzlich gelten für jede Form des Unterrichts, auch für die langfristige Planung, die didaktischen Prämissen: Schüleraktivität, Selbstständigkeit, Differenzierung, methodische Abwechslung und soziale Kommunikation.
Die Planung des Unterrichts basiert in der Regel auf der Entwicklung von Unterrichtseinheiten, dem Stationenlernen oder Projektunterricht.

4.1 Entwurf einer Unterrichtseinheit

Das folgende Beispiel für die Planung einer Unterrichtseinheit hat exemplarischen Charakter und ist grundsätzlich auf alle Thmenfelder transferierbar, immer unter Berücksichtigung der konkreten Klasse, des vorhandenen Lernniveaus und regionaler Besonderheiten bzw. Ereignisse.
Die zu der Unterrichtseinheit gehörenden Einzelstunden sind jeweils mit Grobinhalt und ersten methodischen Hinweisen versehen, die detaillierte Ausarbeitung geschieht zeitnah zur zu haltenden Unterrichtsstunde. Auch die Planung der Unterrichtsreihe ist dabei kein Fixum, sondern variabel dem Lernfortschritt und eventuell besonderen Vorkommnissen anzupassen.

Unterrichtseinheit: *Ich in der Gemeinschaft* (Klasse 5/6)

Kompetenz: *Über sich selbst nachdenken, Formen von Gemeinschaften erfahren und die eigene Stellung in der Gemeinschaft reflektieren*

Stunde 1: Wer bin ich? Alles Wichtige über mich und mein direktes Umfeld; Steckbrief erstellen: körperliche Merkmale, Interessen, Charakterzüge; Ratespiel: Wer könnte das sein?
Stunde 2: Was macht mich einzigartig? Jeder Mensch ist etwas Besonderes, keiner ist gleich; Fallbeispiele; Zwillinge; Warum bin ich etwas Besonderes?; Partnerarbeit möglich
Stunde 3: Meine Stärken und Schwächen Das kann ich gut – das muss ich noch lernen oder üben; Mindmap: Stärken (Schwächen) von Menschen; Fragebogen; Aufsatz: Das muss ich ändern!
Stunde 4: Meine neue Schulklasse – Situationsanalyse Mitschüler, Ausstattung, Umgangsformen; Klasssenbild; Klassendiagramm erstellen; Partnerarbeit bevorzugt
Stunde 5: Klassenklima und Klassengemeinschaft Verhaltensweisen einer guten Gemeinschaft; atmosphärische Bedingungen; Wir sind eine Klasse, aber keine Gemeinschaft; Fallbeispiele; Rollenspiel; Gruppenarbeit möglich
Stunde 6: Konflikte in der Schulklasse Ursachen für Konflikte in der Klasse; Lösungswege zur Konfliktbewältigung; Rollenspiel; Fallanalyse; Konfliktbewältigung in Gruppenarbeit

Stunde 7: Was bedeutet Gemeinschaft? Gemeinschaft ist mehr als Zusammensein; Kriterien einer Gemeinschaft; Schaubild: Blütenblatt; Situationsanalyse; Tagebuch
Stunde 8: Familie als Gemeinschaft Unterschiedliche Familienformen: Kleinfamilie, Patchworkfamilie, Einelternfamilie; Vor- und Nachteile anhand des Verhaltens analysieren; Das macht eine Familie aus; Familienstern erstellen; Tagebuch: Meine (Super-)Familie
Stunde 9: Meine Familie und ich Rollenerwartung und deren Ausfüllung; Meine Position in der Familie; Das denken andere über mich; Tagebuch; Stegreifspiel
Stunde 10: Menschen sind auf Gemeinschaft angewiesen Das kann ich nicht alleine; Das kann Opa nicht mehr alleine; Jeder braucht die Hilfe des anderen; Befragungen; Liste erstellen
Stunde 11: Bilder und Symbole für Gemeinschaft Puzzle; Baum; Zahnrad; zeichnen und erklären; Vergleiche bilden; Partnerarbeit bevorzugt
Stunde 12: Abschlussstunde Gemeinschaft Bedingungen und Voraussetzungen für Gemeinschaft; Top-10-Liste; Bilder; Zeichnungen; Situationen; Collage

4.2 Stationenlernen

Eine andere Möglichkeit, eine Thematik unterrichtlich langfristig vorzubereiten, ist das Stationenlernen. Beim Stationenlernen wird ein Themenfeld so didaktisch-methodisch aufbereitet, dass die unterschiedlichen Lernvoraussetzungen der Schüler, abwechslungsreiche und schülergemäße Zugänge, die entsprechend differenziert angebotenen Inhalte sowie die unterschiedlichen Lern- und Arbeitstempi berücksichtigt sind, immer ausgerichtet auf die Erreichung und Umsetzung von fachbezogenen Zielen und allgemeingültigen Kompetenzen.

Dazu werden einzelne Arbeitsstationen angeboten, die grundsätzlich unabhängig voneinander in frei wählbarer Reihenfolge von den Schülern einer Klasse nacheinander, aber gleichzeitig bearbeitet werden können. Dominierende Unterrichtsprinzipien bilden die Schüler- und Handlungsorientierung.

Schülerorientierung impliziert, dass der Schüler und nicht der Lehrer im Mittelpunkt jeder Aktion steht. Nicht mehr das detaillierte, kleinschrittige Darbieten des Unterrichtsgegenstandes, sondern das Vorbereiten und Schaffen einer Lernatmosphäre, in der die Schüler sich Unterrichtsinhalte eigenständig erarbeiten bzw. Lerninhalte festigen und vertiefen können, ist die Hauptaufgabe des begleitenden Lehrers (Lehrer als Moderator). Handlungsorientierung meint die direkte Auseinandersetzung des Schülers mit dem bereitgestellten Stationenmaterial, das für sich selbst spricht und zu einer eigenständigen und direkten Auseinandersetzung mit den Inhalten motiviert. Es ist daher sinnvoll, vor dem eigentlichen Arbeitsauftrag jeder Station im Sinne einer Zielorientierung kurz die zu erwerbenden Kompetenzen anzuzeigen.

Häufig wird beim Stationenlernen zwischen Pflicht- und Zusatzstationen unterschieden. Während alle Schüler die Pflichtstationen durchlaufen müssen, bieten die Zusätze eine Auswahlmöglichkeit, je nach Interesse oder Leistungsvermögen. Somit werden sowohl der Individualität des Einzelnen sowie der heute üblichen Heterogenität der Lerngruppe Rechnung getragen. Wichtig ist noch die Tatsache, dass mit der Bearbeitung der Pflichtstationen alle wesentlichen Kompetenzen umgesetzt sein müssen.
Zur Lernkontrolle oder Sicherung kann am Ende einer Stationseinheit eine besondere, wiederholende Station (Kontroll-, Bündelungs- oder Wiederholungsstation) angeboten werden, bei der die Schüler erworbenes Wissen einbringen oder unter einem neuen Gesichtspunkt anwenden müssen.

Das Prinzip der Individualisierung beim Stationenlernen kann bei bestimmten Fragestellungen durchaus mit dem Anspruch auf soziales Lernen verknüpft werden. So können Partnerstationen eingeplant werden, bei denen der Schüler – nach seiner freien Entscheidung – zusammen mit einem Partner Lernschritte bearbeitet. Dabei sollen sich die Schüler nicht nur selbst zusammenfinden, sondern auch die verlangten Aufgaben gemeinsam lösen. Dies verstärkt sowohl die sachliche Kommunikation über ein Thema als auch die Auseinandersetzung mit der vielleicht gegenteiligen Meinung des Partners.

Beispiel für Stationenlernen: *Menschenrechte – ein Weg zum Frieden* (Klasse 9/10)

Das folgende, exemplarisch vorgestellte Stationenlernen besteht aus sechs Pflicht- und vier Zusatzstationen. Zu jeder Station gehören ein Aufgabenblatt und ein entsprechendes Materialblatt. Dazu erhält jeder Schüler einen Laufzettel als Begleiter durch die gesamte Stationsarbeit. In den Laufzettel trägt er seine individuellen Arbeitsschritte ein und zeichnet diese ab.
Ausführlich dargestellt sind: der Laufzettel, eine Station mit Aufgaben- und Materialblatt sowie die Bündelungsstation.

Kompetenz: ***Vertrautmachen mit den Menschenrechten und ihre Bedeutung für den Erhalt des Friedens, verbunden mit der Bereitschaft, sich vorbehaltlos für Menschenrechte und Frieden einzusetzen***

Laufzettel
Stationenlernen: *Menschenrechte – ein Weg zum Frieden*

Station 1:
Menschenrechte – Begriffsbildung

Station 2:
Menschenrechte im Grundgesetz

Station 3 (Partnerstation):
Menschenrechte im Alltag

Station 4:
Menschenrechtsverletzungen

Station 5:
Schutz der Menschenrechte

Station 6:
Frieden beginnt im Alltag

Zusatzstation A:
Menschenrechte, historisch betrachtet

Zusatzstation B:
Menschenrechte, Anspruch und Wirklichkeit

Zusatzstation C:
Datenschutz – ein neues Menschenrecht?

Zusatzstation D:
Menschenrechte erhalten den Frieden

Bündelungsstation:
Menschenrechte und Frieden

Kommentare:

Station 3 – Aufgaben
Menschenrechte im Alltag

Ziel: ***An konkreten Beispielen die Bedeutung der Menschenrechte im Alltag nachvollziehen***

Bearbeite die Station zusammen mit einem Partner deiner Wahl.

1. Jeder entscheidet sich für drei Beispiele, die er bearbeitet.
2. Welche Menschenrechte sind in den Beispielen angesprochen? Notiere sie und begründe deine Entscheidung.
3. Besprecht eure Lösung und diskutiert darüber. Versucht, ein gemeinsames Ergebnis zu erreichen.
4. Erörtert gemeinsam am Beispiel des Falles (Jakob von Metzler) das Pro und Kontra des allgemeinen Folterverbotes.

Station 3 – Material
Menschenrechte im Alltag

1) *Mia hat einen neuen Freund. Als sie in der Schule ist, nimmt ihre Mutter die Post aus dem Kasten und entdeckt einen liebevoll gestalteten Liebesbrief. Vorsichtig öffnet sie den Brief aus Sorge um Caro, wie sie behauptet.*

2) *Louis schwärmt seit seinem Praktikum von einer Arbeit als Erzieher und sagt, dass dies seine Berufung ist. „Zum Glück bist du noch nicht volljährig, zu einem solchen Beruf gebe ich nie meine Einwilligung", sagt der Vater, „Erzieher ist ein Mädchenberuf."*

3) *Jacob gehört zu den Umweltaktivisten, die sich für eine saubere Umwelt einsetzen. Als für eine Straße Bäume gefällt werden sollen, kettet er sich an einen dicken Ast. Als die Polizei ihn losmachen will, wehrt er sich, beschimpft sie und verletzt einen der Polizisten mit einem Messer. „Es ist mein Recht, auf diese Weise zu protestieren", behauptet er.*

4) *Leila ist Schülersprecherin und bittet den Rektor, eine Vollversammlung einberufen zu dürfen, um über die geplante Projektwoche beraten zu können. Der Rektor lehnt den Wunsch ab mit der Begründung: „Für den Bereich der Schule gilt das Gebot Versammlungsfreiheit nicht."*

5) *Frau Kretz ist über ihren neuen Mieter entsetzt. Sie hat das Gefühl, dass er alles verkommen lässt. Um sich zu beruhigen, geht sie heimlich in Abwesenheit des Mieters mit ihrem Schlüssel in die Wohnung.*

6) *Beim Randalieren nach einem verlorenen Fußballspiel wurden Lian, Sohn eines Hartz-IV-Empfängers, und Elyas, Sohn eines Chefarztes, von der Polizei mit aufs Präsidium genommen. Beide sind bisher noch nie strafrechtlich in Erscheinung getreten. Während Lian eine Anzeige erhält, kommt Elyas mit einer Verwarnung davon.*

Der Fall „Jakob von Metzler"

Im September 2002 wurde der Millionärssohn Jakob von Metzler entführt. Obwohl das Lösegeld nach den Bedingungen des Entführers übergeben wurde, erfolgte keine Freilassung des Jungen. Der Entführer konnte festgenommen werden. Bei den Vernehmungen hatten die ermittelnden Polizeibeamten das Gefühl, dass der Festgenommene mit ihnen Katz und Maus spielte. Alle Ermittlungen verliefen ohne Ergebnis. Für die Polizei wurde die Situation immer schwieriger: Lebte der Junge noch, drohte er zu verdursten oder zu verhungern, wenn er nicht gefunden würde. Der Polizeipräsident ordnete daraufhin an, dass dem Entführer Schmerzen angedroht werden und diese auch wirklich in die Tat umgesetzt werden dürfen, wenn er den Aufenthaltsort nicht bekannt gäbe. Die Androhung zeigte Wirkung. Die Polizei wurde zu der Stelle geführt, wo die Leiche des Jungen versteckt lag.

Bündelungsstation – Aufgaben
Menschenrechte und Frieden

Ziel: ***Bewusst werden, dass die Menschenrechte dem Frieden dienen***

Beantworte zu drei der fünf vorgegebenen Menschenrechte jeweils die folgenden Fragen.

1. Welche Rechte erhältst du durch dieses Menschenrecht?
2. Welche Pflichten übernimmst du damit im Hinblick auf andere?
3. Zeige, dass durch dieses Menschenrecht die Menschheit friedlicher zusammenleben kann, dass also das Menschenrecht dem Frieden dient.

Bündelungsstation – Material
Menschenrechte und Frieden

Dass Menschen die Menschenrechte für sich in Anspruch nehmen und einfordern, ist anerkannt und nachvollziehbar, stellen diese doch ein hohes Gut dar. Aber wie sieht es mit dem Umkehrschluss aus? Wer Rechte hat, bekommt automatisch auch Pflichten, d. h., wir müssen Menschenrechte auch allen anderen Menschen zugestehen. Aus meinem persönlichen, individuellen Recht erwächst eine allgemeine Verpflichtung. Hält sich jeder Einzelne, die Gesellschaft und die Staatengemeinschaft daran, ist der Weg zum Frieden ein wenig leichter.

Menschenrecht: ***Recht auf Freizügigkeit***

Das ist mein Recht: Ich kann überall hinreisen, wohin ich gerne möchte. Ich darf mir meinen Wohnort aussuchen und leben, wo es mir gefällt.

Das ist meine Pflicht: Auch andere Menschen dürfen reisen und wohnen, wohin/wo es ihnen gefällt. Dafür setze ich mich ein.

So dient es dem Frieden: Wenn jeder reisen und wohnen kann, wohin/wo er will, dient dies dem gegenseitigen Verständnis und der Toleranz.

Recht auf körperliche Unversehrtheit

Recht auf Gleichberechtigung

Recht auf freie Meinungsäußerung

Recht auf Demonstration

Recht auf Briefgeheimnis

Menschenrecht:

Das ist mein Recht:

____

____

____

Das ist meine Pflicht:

____

____

____

So dient es dem Frieden:

____

____

____

4.3 Projektunterricht

Im Gegensatz zum Stationenlernen, bei dem vor allem der individuelle Schüler mit seiner spezifischen Arbeitsweise im Vordergrund steht, werden im Projektunterricht soziale und arbeitsmethodische Komponenten, thematisch ausgerichtet auf ein Projektthema, angesprochen. Solche Projekte können sowohl fachübergreifend als auch klassenübergreifend realisiert werden. Letzteres ist unter dem Schlagwort Projekttage oder Projektwoche bekannt, in der sich die Schüler einen oder mehrere Schultage ausschließlich mit einem gewählten Projekt auseinandersetzen.

Die folgenden Überlegungen beziehen sich auf den Ethikunterricht und damit auf klassenintern durchgeführte Projekte, die aber durchaus mehrere Fächer betreffen können. Die Schüler der Klasse bilden zusammen mit dem oder den Lehrern das Projektteam. So arbeiten in dieser sozialintegrativen Unterrichtsform unterschiedlich kompetente Partner gleichberechtigt zusammen. Obwohl dem Lehrer natürlich die letzte Verantwortung übertragen ist, bedeutet Projektunterricht für ihn, sein Planungs- und Organisationsmonopol abzugeben, seine Schüler stattdessen aktiv zu fordern und Entscheidungen ihnen selbst zu überlassen. Der Lehrer fungiert als Lernpartner, der spürt, wenn er eingreifen muss, wenn selbstbestimmtes und handlungsorientiertes Lernen gefragt ist oder wenn besondere Fertigkeiten angebahnt werden müssen, um die gesteckten Kompetenzen zu erreichen.

Der Projektunterricht verfolgt dabei in der Regel unterschiedliche Intentionen. Durch die Übergabe von Planung, Vorbereitung und Durchführung an die Schüler übernehmen sie eine besondere Verantwortung, entwickeln ein Problembewusstsein, nutzen soziale Kontakte untereinander, arbeiten kooperativ im Team zusammen, setzen sich mit anderen Meinungen auseinander und unterwerfen sich letztlich einem für das Projekt notwendigen Einigungsprozess. Auftretende Probleme und Fragen sollten möglichst allein und selbstständig erkannt und gelöst werden. Die Rolle des Lehrers als Helfer und Unterstützer soll sinnvoll genutzt und in den Prozess eingebaut werden.
Zusammengefasst planen bei der Projektarbeit die Lernenden ihre Arbeit selbst, führen diese eigenständig, meist im Team, durch und präsentieren am Ende ein sichtbares Ergebnis.

Diese Kernkompetenzen lassen sich in der Praxis mithilfe der folgenden Schritte erreichen:

Die Themenfindung

Projektunterricht bezieht sich niemals auf ein vom Lehrer vorgegebenes Thema, sondern sollte – ausgehend von einer Problem- oder Fragehaltung – aus dem Interessensbereich der Schüler oder einer aktuellen Begebenheit erwachsen. Im Idealfall treten die Schüler mit dem Wunsch, ein sie direkt betreffendes oder aktuelles Thema im Unterricht aufzuarbeiten, an den Lehrer heran. Dadurch werden sowohl eine besondere Ausgangsmotivation als auch eine freiwillige Mitarbeitsbereitschaft der Schüler geschaffen, sehen sie doch, dass sich ihre Bedürfnisse und Wünsche in der täglichen Unterrichtsarbeit widerspiegeln.

Die Planungsphase

Besteht über das Projektthema Einigkeit und ist eine einheitliche Zielvorstellung vorhanden, kann die Projektplanung anvisiert werden. Diese Planungsphase wird von den Schülern selbst durchgeführt, indem sie mögliche Feinziele, einen Zeitrahmen, die Frage der betroffenen Fächer sowie die Abschlusspräsentation besprechen und übereinstimmend regeln. Die Bedeutung des Lehrers liegt in dieser Phase in seinem Expertenwissen über die begleitenden Umstände, wie z. B. Möglichkeit des Fächertauschs, Vorhandensein von benötigten Grundmaterialien, dem Aufbringen finanzieller Mittel oder Kontaktaufnahme zu außerschulischen Personen bzw. Institutionen.

Die Vorbereitungsphase

Ist die Planung abgesprochen und akzeptiert, geht es um die konkrete Vorbereitung des Vorhabens. Materialien müssen besorgt bzw. deren Bereithaltung gesichert sein, die Aufträge an die einzelnen Projektgruppen sind zu konkretisieren und eindeutig zu formulieren sowie die Zusammensetzung der Teams zu regeln. Termine müssen abgesprochen und zeitlich fixiert werden. An der Stelle wird oft sichtbar, dass der standardisierte 45- oder 50-Minuten-Takt für eine effektive Bearbeitung nicht realistisch ist. Besser ist es in jedem Fall, eine kontinuierliche Bearbeitung über einen längeren Zeitraum als eine Unterrichtsstunde mit dem Einbezug individueller Pausen zu planen. Hierzu sind dann Absprachen mit anderen vom Projekt tangierten Lehrern und der Schulleitung nötig.

Die Durchführungsphase

Zu einem festgesetzten Zeitpunkt beginnt die Projektdurchführung, in der das Projekt gemäß den Planungs- und Vorbereitungsvorgaben abgewickelt wird. Die Schüler agieren dabei als selbstständige Kleinteams, die auch mit auftretenden Fragen und Schwierigkeiten möglichst allein umgehen und fertig werden und den Lehrer nur im Notfall kontaktieren sollen. Dabei ist es wichtig, dass sich sowohl die einzelnen Arbeitsgruppen wie die Gesamtheit (z. B. durch eine Zusammenkunft der Gruppensprecher) von Zeit zu Zeit darüber austauschen, ob die vereinbarten Ziele erreicht werden, ob der Zeitansatz noch realistisch ist, ob es unvorhergesehene Unterbrechungen oder Schwierigkeiten gibt oder ob sogar Ziele und Arbeitsschritte verändert und der neuen Situation angepasst werden müssen. Ist dies nötig, wird anschließend gemäß den neuen Vereinbarungen an den Aufgaben weitergearbeitet.

Die Präsentationsphase

Es ist unentbehrlich und pädagogisch unbedingt erforderlich, dass die Projektteilnehmer ihre Ergebnisse in sinnvoller Weise der Öffentlichkeit vorstellen und zeigen. Dies kann z. B. durch eine Präsentation für die Parallelklasse, durch eine Ausstellung im Schulgebäude, durch eine Veröffentlichung in der Zeitung oder dem Lokalfernsehen geschehen. Die Projektteilnehmer erfahren durch die Präsentation eine besondere

Würdigung ihrer Arbeit, Anerkennung und Stolz, vielleicht auch ehrliche Kritik, verbunden mit einer erhöhten Motivation für die tägliche Arbeit in der Schule.
Ihren Abschluss findet die Projektarbeit durch ein kritisches Hinterfragen der geleisteten Arbeit, des sozialen Miteinanders, dem Herausstellen von besonders gelungenen bzw. misslungenen Arbeitsphasen sowie die Frage nach möglichen Verbesserungsvorschlägen für die weitere Arbeit in der Schule. Hier empfiehlt es sich, solche Erkenntnisse stichpunktartig festzuhalten und als Manöverkritik in die weitere unterrichtliche Arbeit einfließen zu lassen.

Unterrichtsprojekt: *Islam* (Klasse 7/8)

Kompetenz: *Vermittlung von grundlegenden Glaubensaussagen zum Islam; Glauben als religiöse Überzeugung einschätzen und verstehen; Präsentation der Unterrichstergebnisse*

Themenfindung:

Da in den letzten Wochen neue Schüler mit muslimischem Glauben in die Klasse gekommen sind, äußern die Schüler der Klasse bei einem Gespräch den Wunsch, mehr über den Glauben und damit über die religiösen Verhaltensweisen ihrer neuen Mitschüler zu erfahren. Man kommt überein, das Thema in Form eines Projektes zu erarbeiten.

Die Schüler erhalten den Auftrag, sich im Vorfeld für die nächste Woche auf jeweils drei Karteikarten zu notieren, …

- welche Fragen besonders wichtig sind.
- welche Teilthemen besprochen werden sollten.
- wie das Projekt organisatorisch durchgeführt werden könnte.

Planungsphase:

In der folgenden Ethikstunde bildet der Lehrer Zufallskleingruppen, die jeweils ihre mitgebrachten Karteikarten besprechen. Jede Gruppe soll sich auf fünf wichtige Punkte einigen.

Danach werden die Einigungspunkte jeder Kleingruppe im Klassenverband besprochen und z. B. folgende Kernthemen ausgewählt:

- Die wichtigsten Hauptgebote (die fünf Säulen des Islam)
- Grundlagen des religiösen Lebens (Moschee, heilige Schriften, Kleidung …)
- Besondere Feste und Feiern
- Verhältnis des Islam zu anderen Religionen

Fächer:	Ethik (der muslimische Glauben); Deutsch (Textanalysen); Geschichte (Entstehung des Islam); Sozialkunde/Gesellschaftslehre (Islam in der Gesellschaft); Sport (Unterrichtsgang zur Moschee)
Zeitrahmen:	3–4 zusammenhängende Stunden täglich; ein Präsentationstag
Methode:	Kleingruppen sollen sich jeweils an einem Tag mit demselben Thema beschäftigen
Kontaktpersonen:	ein Imam oder gläubiger Muslim
Außerschulischer Lernort:	Moschee

Vorbereitung

Lehrer ...

- spricht mit den betroffenen Kollegen und bittet sie, ihre Stunden für das Projekt zur Verfügung zu stellen bzw. in den Stunden Aufsicht zu führen.
- regelt zusammen mit dem Konrektor den Stundenplan für die benötigten Stunden.
- nimmt Kontakt zum Imam bzw. Moscheeverwaltung auf.
- holt sich das Okay des Schulleiters und regelt die rechtlichen Grundlagen.
- sorgt dafür, dass benötigte Materialien in ausreichender Form zur Verfügung stehen.

Schüler ...

- informieren den Schulleiter über das geplante Projekt.
- sprechen mit dem Imam, der Moscheeveraltung oder anderen zu befragenden Personen.
- bereiten sich auf die Arbeit vor: sammeln Informationsmaterial und vervollständigen ihre Arbeitsmaterialien.

Die Arbeitsgruppen werden ausgelost; der Projektbeginn wird festgelegt. Ebenso wird die Art der Präsentation am Ende des Projektes bestimmt, z. B. Großplakate auf dem Flur; Ausstellung in einem Klassenraum; Führen von Gruppen durch die Ausstellung.

Durchführung:

(exemplarische Darstellung des 2. Projekttages)

Kompetenz: ***Glaubensgrundlagen des muslimischen Glaubens anhand der fünf Säulen des Islams kennenlernen; bewusst werden, dass religiöse Zugehörigkeit Pflichten mit sich führt***

Inhalte: die fünf Säulen des Islams:
Glaubensbekenntnis – Schahada
Tägliches Pflichtgebet – Salat
Vorgeschriebenes Almosen – Zakat
Fasten im Monat Ramadan – Saum
Wallfahrt nach Mekka – Hadsch

Methode: arbeitsteiliger Unterricht mit fünf Kleingruppen, jede Gruppe erarbeitet eine Glaubensgrundlage (Säule) und erstellt ein Informationsplakat; „Museumsrundgang“: die Schüler gehen in Gruppen von Plakat zu Plakat und erfahren durch Präsentation der Gruppe Einzelheiten zum jeweiligen Thema

Die Ergebnisse der Tages werden gesammelt und aufbewahrt.

Literaturhinweise

Julian Baggini: Die großen Fragen – Ethik. Berlin/Heidelberg 2014 (Springer Verlag)

Rainer Erlinger: Moral – Wie man richtig lebt. Frankfurt 2011 (Fischer Verlag)

Stephan Ernst, Ägigius Engel: Grundkurs für christliche Ethik. München 1998 (Kösel-Verlag)

Dagmar Fenner: Religionsethik – ein Grundriss. Stuttgart 2016 (Kohlhammer Verlag)

Johann Hilgart (Hrsg.): Standpunkte der Ethik. Paderborn 2017 (Schöningh Verlag)

Wolfgang Huber: Ethik – die Grundfragen unseres Lebens. München 2013 (Verlag C. H. Beck)

Heinz Klippert: Besser lernen. Kompetenzvermittlung und Schüleraktivierung im Schulalltag. Stuttgart 2011 (Klett Verlag)

Frank Müller: Selbstständigkeit fördern und fordern – Handlungsorientierte Methoden praxiserprobt für alle Schularten und Schulstufen. Weinheim 2004 (Beltz Verlag)

Winfried Röser: Stationenlernen Ethik 5./6. Klasse. Hamburg 2014 (Persen Verlag)

Winfried Röser: Stationenlernen Ethik 7./8. Klasse. Hamburg 2014 (Persen Verlag)

Winfried Röser: Stationenlernen Ethik 9./10. Klasse. Hamburg 2015 (Persen Verlag)

Winfried Röser: Ethikunterricht auf Schulhof & CO. Augsburg 2016 (Auer Verlag)

Jederzeit optimal vorbereitet in den Unterricht?